12 SERMONES EVANGÉLICOS

C. H. SPURGEON

12 SERMONES EVANGÉLICOS

editorial clie

Libros CLIE
Galvani, 113
08224 TERRASSA (Barcelona)

12 SERMONES EVANGÉLICOS

Depósito legal: B-50287-2006 Unión Europea
ISBN 84-7228-925-7

Printed by Publidisa

ÍNDICE

Capítulo 1

EL PROCESO DE LA SALVACIÓN

«¿Cómo, pues, invocarán a aquel en el cual no han creído? ¿Y cómo creerán a aquel de quien no han oído? ¿Y cómo oirán sin haber quién les predique? ¿Y cómo predicarán si no fueren enviados? Como está escrito: ¡Cuán hermosos son los pies de los que anuncian el evangelio de la paz, de los que anuncian el evangelio de los bienes!» (Rom. 10:14, 15).

Observemos, amigos queridos, que en el versículo 13 de este capítulo nos es presentado el camino de la salvación en las palabras más sencillas: «Todo aquel que invocare el nombre del Señor, será salvo.»

Recuerdo que por espacio de muchos meses mi alma recibió sostén por medio de este versículo.

Yo anhelaba la salvación, pero creía que no había esperanza alguna para mí, y que sería rechazado de Dios por demasiado pecador y duro de corazón para con Él, y que otros serían salvados, y yo, perdido. Pero leyendo estas palabras, hice lo que quisiera que vosotros hicieseis; me así de Él, lo acepté, me lo apropié, y fue para mí como un salvavidas arrojado a un náufrago.

«Porque todo aquel que invocare el nombre del Señor, será salvo.» ¡Ah!, dije yo: Invoco aquel bendito nombre e invocaré aquel nombre glorioso; aunque perezca, no dejaré de invocar aquel nombre sagrado.

La invocación del nombre de Dios, la confianza en Dios, y, por consiguiente, el reconocimiento de Dios, esto es lo que salva el alma.

Pero debemos fijarnos más minuciosamente en estas palabras: «Todo aquel que invocare el nombre del Señor, será salvo.»

Dice primero: *Todo aquel*. Estas palabras son muy *extensas*.

He oído contar que cuando un hombre desea hacer testamento antes de morir y piensa dejar todos sus bienes a una sola persona, su esposa, por ejemplo, debe decir *todos*, y esto basta. No es preciso que detalle las cosas ni que haga una lista de los bienes que deja, a fin de que, por olvido, no se omita alguna cosa.

Lo mismo sucede tocante al testamento de Dios. No ha detallado quién, sino dice: *Todo aquel*, para que su testamento comprenda a todo hombre; tanto al negro como al blanco y al amarillo. Tanto al rico como al pobre, al sabio como al ignorante. Comprende a los de todas las clases y hasta al que por su bajeza parece estar excluido de todas, o al que por sus privilegios parece ser de todas juntas.

Las palabras *todo aquel* me incluyen a mí y os incluyen a vosotros, quienquiera que seáis. Así, sin detalle, está muy bien, pues de otro modo alguien podría quedar olvidado. Muchas veces he pensado que si yo hubiese leído en las Sagradas Escrituras las palabras: «Si Carlos Haddon Spurgeon invocare el nombre del Señor, será salvo», no me darían estas palabras tanta seguridad de la salvación como me dan las otras, porque pudiera ser que haya otro del mismo nombre, y entonces tendría yo que decir: «Seguramente tales palabras no pueden referirse a mí.» Pero cuando el Señor dice: «Todo aquel», no puedo salir de este círculo. Es como una gran red que coge al hombre entre sus mallas.

«Todo aquel»; es decir: si yo invocare el nombre del Señor, si tú lo invocares, si el hombre postrado, moribundo, invocare el nombre del Señor, seremos salvos.

¡Qué extensión abarcan las palabras: «Todo aquel»! Lo que sigue a ésta, ¡qué fácil es! «Todo aquel que *invocare* el nombre del Señor.» Cualquier persona puede invocar el nombre del Señor; todos saben lo que es llamar, pedir auxilio. En momentos de apuro o de peligro, habéis clamado: ¡Ayudadme, socorredme! ¿No es así? Pues bien; el que puede clamar así, puede también invocar a Dios, invocar su ayuda y misericordia y anhelar su piedad. Haciéndolo con fe, como al hacerlo mostráis, creyendo que Dios escuchará, el hombre será salvo. No hay, pues, aquí dificultad alguna que exija un teólogo para explicarla. Las palabras: «Todo aquel que invocare el nombre del Señor, será salvo», son bien sencillas, y cualquiera, por ignorante que sea, las puede comprender. ¡Ojalá vosotros las comprendierais y comenzaseis a invocar el nombre del Señor en oración ferviente!

Pero he aquí otra palabra; una palabra de seguridad. «Todo aquel que invocare el nombre del Señor, *será* salvo.» No hay aquí «puede ser», ni «tal vez»; no hay duda alguna, sino la palabra gloriosa *será*. Nuestras promesas son débiles, pero cuando Dios dice «*será salvo*», es más firme que las montañas de rocas. «Todo aquel que invocare el nombre del Señor *será* salvo», tan cierto como que Dios existe. El Señor no se ha equivocado; no revocará su declaración por algún cambio en su propósito. «Todo aquel que invocare el nombre del Señor, *será salvo*.» ¡Ojalá muchos invocaran su nombre hoy y hallasen salvación inmediata, que les duraría en esta vida y por toda la eternidad; pues la promesa «será salvo», llega hasta allí Tenemos, pues, aquí, amigos, un remedio maravilloso para la enfermedad del pecado; un remedio sencillo y abundante, pero la dificultad consiste en hacerlo llegar a la gente que lo necesita. Voy a hablaros de esto en lenguaje muy sencillo porque quiero *ser práctico*, y ruego que, con la ayuda del Espíritu de Dios, lo sea en todo este discurso.

En el texto hay cuatro necesidades en que el apóstol San Pablo insiste.

La oración a Dios invocando su nombre salvará al hombre; pero, en primer lugar, *no hay oración verdadera sin creer en el Señor*. «¿Cómo, pues, invocarán a aquel en el cual no han creído?» En segundo lugar, *No hay creencia sin oír*: «¿Y cómo *creerán* en aquel de quien no han oído?» En tercer lugar, *No es posible oír sin haber quien predique*: «¿Y cómo oirán sin haber quien les predique?» Y en cuarto lugar, *No hay predicación efectiva si no han sido enviados*: «¿Y cómo predicarán si no fueren enviados?»

I. En primer lugar, pues, *no hay oración verdadera sin creer en el Señor*. De lo cual deduzco esta moral, a saber: desde el momento que sentimos necesidad de dirigirnos a Dios implorando de él algún beneficio, creemos: que sólo por la oración de fe podemos hallar la salvación; que no habiendo oración sin crer, el Señor nos ayuda a creer; pues, ¿cómo oraríamos si no creyéramos, ni cómo podríamos recibir respuesta a nuestra oración?

Creo que aquí entre los presentes hay personas que han empezado a rogar a Dios, y estoy seguro que si vuestra oración es sincera, hay fe en ella; pues, ¿pedirías a Dios la salvación si no tuvieses la creencia *que necesitas ser salvado*? Hay en esto cierto grado de fe. ¿Pediríais de Dios la salvación si no creyerais que *hay un medio de salvación por el cual Él os puede salvar*? Hay cierto grado de fe en creerlo así. Pienso que tienes la creencia que *hay un Salvador*. Hay también en esto cierto grado de fe y fe eficaz en creer, que, no obstante tus pecados y tu inclinación al mal, se ha provisto salvación y un Salvador, que puede también salvar perpe-

10

tuamente a los que por Él se allegan a Dios. Puede ser que no tengas *mucha* fe, pero debes de tener *algo*, si estás orando a Dios verdaderamente de corazón y rogándole que te salve.

Creo, también, que tienes un poco de fe en que *el Salvador te salvará.* ¿Le has rogado que lo haga? ¿Habrías expresado tal deseo y te habrías acercado en oración a él si no hubiese algo de fe en tu corazón? Deseo explicar el asunto sin exageraciones, pero con toda claridad. Recordemos que el valor de la fe no se mide por su cantidad sino por su calidad; de modo que un hombre que tiene mucha fe es más feliz, pero no está más seguro que otro de poca fe, puesto que la tiene, aunque sea en poca cantidad.

Aunque la tuya sea débil, el Señor te dirá: «Tu fe te ha salvado; vete en paz.» La fe que llega detrás de Cristo y toca el borde de su manto es eficaz; y creo que es esto lo que estás haciendo cuando dices: «Señor Jesús, sálvame.» Si esto es oración verdadera, si no es fingida, si sale del corazón, hay, al menos, una sombra, un tinte, si no un color real, de fe en tu alma.Si no fuese así, ¿cómo podrías invocar a aquel en el cual no habías creído? ¿Invocaríamos la ayuda de una persona si dudásemos de su poder o de su voluntad en ayudarnos? No; el acto mismo de pedir a alguno su ayuda, prueba que tenemos alguna confianza en que tal persona puede y quiere ayudarnos. Pues si tú crees tanto tocante a Cristo, y si tú confías en Él, creyendo que serás salvo, aquella fe te llevará al cielo. Sin embargo, yo quisiera que tuvieses todavía más fe.

Creo también que Cristo *puede y quiere oírte.* Tú no habrás estado en tu dormitorio invocando la misericordia de Dios, si no hubieras creído que Él estaba escuchándote. Los seres racionales no piden al vacío. Tú crees que Cristo puede oírte y que, por cierto, oye tus oraciones.

Creo poder agregar también que *tú confías, hasta*

cierto grado, en Jesucristo. Siendo que tú oras a menudo a Él pidiendo el perdón de tus pecados y que te dé nueva vida, es prueba de que tienes alguna fe en Él. Por tanto, permíteme suplicarte que mientras sigas elevando tus peticiones, mezcles más fe en ellas. «Con todas tus ofrendas ofrecerás sal», y con todas tus oraciones ofrecerás fe. Cuando pidieres algo de Dios, cree y recibirás; cuando pidieres la misericordia de Dios, cree en su misericordia; cuando pidieres su socorro, cree que Dios te lo dará, pues la fe es poderosa. «Conforme a vuestra fe os sea hecho» (Mat. 9:29). Todos sabéis lo que es creer. Creed y orad y la oración de fe salvará vuestras almas. «Todo aquel que invocare el nombre del Señor, será salvo» ... ¿Cómo, pues, invocarán a aquel en quien no han creído? La fe tiene que estar primero. Cree, pues, antes de hacer otra cosa. ¡Dios conceda, en su misericordia, que algún pobre pecador haya dejado de confiar en las obras y en sus propios sentimientos, y que confíe en Jesucristo! Ahí estás, suspendido de un árbol, tienes miedo de caerte y por eso te ases con todas tus fuerzas; pero un hombre fuerte se pone debajo y te dice: «Déjate caer en mis brazos; yo te sostendré y soportaré tu peso.» Si tienes confianza en Él, te dejarás caer en sus brazos. Eso mismo tienes que hacer con Jesucristo; confíate a Él y deja toda otra confianza. Déjate caer en sus brazos misericordiosos y serás salvo.

Acuérdate, pues, de esta primera lección, que no puedes orar bien sin la fe.

II.   Ahora daremos otro paso adelante y llegaremos a la segunda necesidad: *Nadie cree si no oye.* «¿Y cómo creerán en aquel de quien no han oído? La palabra «oído» tiene aquí un sentido muy amplio; el leer es una manera de oír. No lo es solamente el escuchar con el oído; *pero es indispensable que de alguna manera llegues al conocimiento de la verdad* y no puedes conocer lo que no has oído, ni leído, ni aprendido. La verdad debe serte presentada para que la conozcas; de otro modo no es posible que tengas fe. Pero nuestra fe no debe ser como la de un hombre que, cuando le preguntaron qué creía, dijo que creía lo mismo que cree la Iglesia. Bueno, le dijeron; ¿y qué cree la Iglesia? Lo mismo que creo yo, contestó. Sí; pero, ¿qué es lo que creen usted y la Iglesia?, insistieron. Pues dijo creemos una misma cosa; y no supo decir más. Claro es que esta clase de creencia no contiene ninguna clase de fe, sino ignorancia absoluta, y nada más. «¿Cómo creerán en aquel del cual no han oído?» Para poder creer una cosa es necesario conocerla del todo. Para llegar al conocimiento de ella, se puede ir por el camino de la lectura o por el de la audición.

El que desea tener fe, ¿qué deberá hacer para obtenerla? ¿Deberá sentarse tranquilamente y decir: «me esforzaré en creer»? De ninguna manera. Supongamos que yo te anunciase esta noche la muerte del zar de Rusia y que dijeses que quisieras creerlo. No podrías conseguirlo por un esfuerzo mental, sino buscarías pruebas que te confirmaran la certeza de mi anuncio, o esperarías a leer los telegramas a la mañana siguiente y así te convencerías de si era o no verdad. Así, no es un acto de voluntad solamente lo que produce la fe. «La fe viene por el oír.» Oye, pues. *Cuanto más a menudo oigas el evangelio, tanto mejor para ti*; quiero decir: si hasta ahora no has creído en el Evangelio, mientras estés oyéndolo hay esperanza de que llegues a creerlo; puede ser que, insensiblemente, penetre en tu corazón la verdad. Habiéndola oído repetidamente, puede ser que te encuentres creyendo que Jesús murió en la cruz por ti. Yo aconsejo a todos los que buscan a Cristo que escuchen muy a menudo el Evangelio de Cristo.

Pero te aconsejo, además, que escuches *bien* el Evangelio. Oye y entiende a la vez; escucha como escucharías si el predicador te explicase la manera de ganar una fortuna en diez minutos. ¡Cómo escucharíais todos en tal caso, y todos os esforzaríais para tener buen sitio para oír bien! Y ¡cómo tomaríais nota de todo lo que oyeseis! Oye, pues, amigo, el Evangelio de esta manera, ya que se trata de algo mucho más valioso que una fortuna; se trata de tu alma inmortal. Tu dicha eterna, o tu eterna condenación depende de oír o no oír el Evangelio. Oye con frecuencia, pues, y oye bien.

Trata de oírlo de tal manera que puedas comprenderlo, y si no puedes encontrar un predicador que proclame el Evangelio completo, haz lo que es mejor, escudriña la Biblia misma. Lee todo este bendito libro, estúdialo con la ayuda de los mejores comentaristas; esfuérzate en comprender la verdad y pruébala por experiencia. Estudia el Santo Libro y vete al culto haciéndote estas o parecidas reflexiones: «Tengo que creer algo y estoy resuelto a saber qué; quiero enterarme del principio al fin, a fondo y en sus detalles, y así sabré qué creo y por qué creo. Si vienes a oír con semejante preparación, creerás.

Finalmente, oye el Evangelio, pero asegúrate de que lo que oyes es el Evangelio. Oímos, a veces, hermanos elocuentes y hábiles, pero, generalmente, se puede decir que estos hábiles y elocuentes son los peores, pues donde se ven tanto las cualidades del hombre suele verse poco de su Señor. Cuando se pone todo el empeño en emplear figuras retóricas, en redondear las frases y en entusiasmar a la gente por medio de la elocuencia, suele perderse de vista el Evangelio. ¡Que tengan estos hombres su tribuna en un ateneo, los lunes; pero tengamos nosotros los domingos y dediquémoslos, especialmente, a la tarea de presentar a Cristo como Salvador de los hombres! No conviene el palabreo; si los hombres no van al cielo, van al infierno, y es menester esforzarnos para que no caigan en la desdicha eterna. ¡Dios nos ayude en este asunto importantísimo!

Oye lo que Dios ha enviado para tu corazón y tu conciencia. Oye la palabra que te habla del Cristo, del cielo y de cómo llegar allí; oyéndolo, estás en camino de creerlo.

III. En tercer lugar, *no se oye el Evangelio sin que haya quien lo predique...* «¿Y cómo oirán si no hay quien les predique?» Pues prediquemos. Alguien tiene que hacer conocer la verdad a los hombres; si no hay quien lo anuncie, no llegarán a conocer la verdad de que hay un Salvador. El Evangelio no será revelado a los hombres por medios sobrenaturales; tenemos que ir a anunciarlo. No aprenderán si no hay quien se lo enseñe; nadie tendrá conocimiento del mismo si no hay quien lo dé a conocer, ya en conversación, ya por medio de lectura o por medio de la predicación. Hay que darlo a conocer a las personas, pues... «¿Cómo creerán en aquel de quien no han oído, y cómo oirán si no hay quien les predique?» ¿Quién, pues, debe predicar el Evangelio? *Todos los que pueden, deben anunciarlo.* El que tiene el don de predicar, es responsable del uso de este don. Me extraña mucho ver que algunos cristianos toman tan a pecho y con tanto entusiasmo las cuestiones políticas, sociales o de cualquier otra clase, pero que nunca hablan de Jesucristo. Tendrán que dar cuenta de haber empleado mal este don; pues el hombre que sabe razonar, argumentar o discutir un asunto cualquiera, debe también saber anunciar el Evangelio y cuidar de hacerlo. Hay muchos que debieran predicar el Evangelio que no lo hacen; y todos los que lo conocen están obligados a darlo a conocer. «Y el que oye diga: Ven» (Apoc. 22:17). Tal vez diga alguno: «Yo creía que esto era trabajo especial del sacerdote o el pastor.» Es cierto, es para sacerdotes. Pero todo creyente en Cristo es un sacerdote. Por su gracia, Cristo Jesús nos ha hecho reyes y sacerdotes para Dios (Apoc. 1:6). Por eso es nuestro deber, como también un privilegio, ejercer esta benita función sacerdotal de anunciar a los hombres cómo pueden ser salvos. Cada persona, pues, que conoce a Cristo, sea varón o hembra, sea joven o vieja, debe anunciar su glorioso Evangelio, de un modo u otro, a todos los que están a su alrededor.

Para efectuar este trabajo, *no es preciso poseer grandes dotes.* La Sagrada Escritura no nos dice: «¿Cómo oirán si no hay un gran teólogo que les predique?» Ni tampoco: «¿Cómo oirán si no hay un predicador popular que les predique?» ¡Oh, no! Algunos de nosotros estaríamos perdidos si no fuese posible salvarse sin oír a un predicador de grandes dotes oratorias. Doy gracias a Dios que mi conversión fue por medio de una persona desconocida que no era ministro del Evangelio, en la acepción común de esta palabra, pero que puedo repetir las palabras: «Mirad a mí y sed salvos todos los términos de la tierra.» Yo aprendí teología, de la cual nunca me he apartado de una cocinera anciana que estaba en la casa donde yo trabajaba. Aquella anciana solía tratar de las cosas profundas de Dios, y oyéndole contar sus experiencias de la bondad de Dios para con ella, aprendí más que de ninguna otra persona después.

No se precisa instrucción universitaria para poder anunciar el Evangelio de Jesucristo, como lo prueba el que muchos de los mejores obreros de nuestra iglesia son hombres de bien poca instrucción, pero saben atraer a muchos hacia Cristo. Continuad, hermanos, aunque tengáis pocos dones, anunciando el amor de Cristo para con los hombres.

Si anunciamos a los hombres la historia de la cruz de Jesucristo, *estamos libres de una responsabilidad.*

Si perecen después, no será por no haber oído y sabido. Y si perecen por ignorancia, ésta no será causada por nuestra negligencia en enseñarles. ¡Ojalá que yo pudiese estimular a todo creyente a que fuese un predicador del Evangelio, a fin de hacer conocer a todos la historia maravillosa de la cruz de Cristo! Hablad a un individuo o escribidle una carta, y si no podéis escribir una carta, enviadle un sermón impreso, un periódico, un tratado, etc., a fin de que de un modo u otro venga a conocer el Evangelio. Si cada creyente hiciese conocer el Evangelio cada día a una persona, ¡oh, qué organización misionera seríamos! «¿Cómo oirán si no hay quien les predique?» Hágase, pues, cada creyente un predicador del Evangelio en el sentido del texto sagrado, anunciando de una manera u otra, y así, haciendo saber a otros la doctrina maravillosa de la salvación por la fe en Jesucristo. ¡Qué lástima que alguno viva y muera sin haber oído el Evangelio! ¡Despiértate, creyente! ¡Anuncia el Evangelio de Jesucristo! La predicación del verdadero Evangelio es el único remedio seguro para apagar los fuegos fatuos. Clamad otra vez con el fervor de Lutero: «¡Vivid por fe!» Clamad otra vez con la firmeza de Calvino: «¡La salvación es toda de gracia, sólo de gracia por la fe en Jesucristo!» ¡Ojalá que todos predicásemos así! Si todo creyente anunciara de esta manera el Evangelio de la gracia de Dios, los hombres escucharían y creerían, y hombres que creen, son hombres salvados.

IV. La cuarta necesidad es: *No hay predicación efectiva si no es enviado el predicador.* «¿Y cómo predicarán si no fueren enviados?» ¡Ah!, dirá alguno: aquí surge, pues, una dificultad; pues según eso no debemos ir a predicar si no somos enviados.

Si *tú* no eres enviado, no vayas; pero, ¿qué quieren decir las palabras: «Cómo predicarán si no fueren enviados?» El que anuncia a otros el Evangelio debe sentir que es enviado a hacerlo; de otra manera no predicará bien ni con eficacia.

El que es enviado, en primer lugar es alguien que *ha recibido el mensaje.*

No se dice al criado: «Ve al norte o al sur, al este o al oeste», y nada más, sino que antes de mandarlo a tal o cual parte, se le da el mensaje que ha de llevar a tal o cual persona, bien de palabra o bien por escrito.

No se le manda que vaya a decir lo que quiera. Ningún amo diría a su criado: «Juan, ve mañana por la mañana a casa de D. F. y dile... lo primero que se te ocurra.» No se hace esto jamás; y, sin embargo, algunas personas tienen tal idea de un predicador del Evangelio y creen que es uno que andando va formando su mensaje, que es un «pensador», que es uno que fabrica el Evangelio en su propio cerebro. He oído hablar de un alemán que construyó un camello que se movía e imitaba en muchas cosas a los naturales. Podrá ser esto verdad, pero estoy seguro de que nadie podrá construir así el Evangelio; debe recibirlo por revelación de Dios; lo otro no es el plan de Pablo al preguntar: «¿Cómo predicarán si no fuesen enviados?»

En primer lugar, pues, recibe de Dios el mensaje y no quieras saber otra cosa entre los hombres, sino lo que el Señor mismo nos ha revelado en su Palabra, por la instrucción del Espíritu Santo.

Nosotros, a quienes el texto hace referencia y que somos los predicadores del Evangelio de la paz, decimos a todo pecador: «Pecador, detén tus armas; no pelees más contra Dios; ven y haz la paz con Él, la cual te es proclamada por medio de Jesucristo.» Él te perdonará toda transgresión e iniquidad y está dispuesto a borrarlo y perdonarlo todo. Además, te invita a reconciliarte con él, y éste es el mensaje que te anunciamos. A todos cuantos nos escuchan anunciamos las buenas nuevas de paz con Dios, gozo, pleno perdón de todo lo pasado y renovación de tu corazón para que puedas ser nueva criatura en Cristo Jesús. Esto te será dado ahora mismo y también fortaleza para luchar en el futuro contra el pecado. Fuerza para vencer y tener al *dragón* bajo tus pies; poder para ser hecho hijo de Dios, heredero del cielo, partícipe de la protección de la Providencia y de la guía del Espíritu Santo. Estas buenas nuevas se anuncian a todos: aun a los más alejados de Jesucristo, de la esperanza y de la paz con

Dios. Creed en Jesucristo; confiad en él; confiad en Dios manifestado en carne humana; confiad en el que derramó su sangre en la cruz y pagó el rescate de nuestra alma. Hará para vosotros todo lo que sea necesario; os salvará y os llevará a su diestra en la gloria.

Todas estas cosas os haré anunciando en vano si el Señor no las dirigiere a vuestro corazón y no las creyerais. No esperéis a que otros crean por vosotros. Confiad en Cristo cada uno por sí y creed en Él ahora mismo. Amén.

Capítulo 2

LA VOZ DE LA SANGRE

«Mas os habéis llegado... a Jesús el Mediador del Nuevo Testamento, y a la sangre del esparcimiento que habla mejor que la de Abel. Mirad que no desechéis al que habla» (Hebr. 12:24, 25).

¿Qué es «la sangre del esparcimiento»? En breves palabras, esta sangre es la representativa de la pasión, de las penas, los sufrimientos, la humillación y la muerte de nuestro Señor Jesucristo, que padeció en provecho de la humanidad culpable. Acordémonos de que su pasión y muerte no fueron cosas aparentes sólo, sino reales y positivas, y eran penas y agonías que llegaron a un punto incalculable. La redención de nuestras almas costó sufrimiento indecible, «hasta la muerte, y muerte de cruz». Costó a Nuestro Señor sudor de sangre, corazón quebrantado por reproches, y especialmente la agonía causada por sentirse abandonado por el Padre, hasta exclamar: «Dios mío, Dios mío, ¿por qué me has abandonado?» El Mediador sufrió la muerte bajo los aspectos peores, sin ninguno de aquellos consuelos que en los casos de otros hombres piadosos se suministran por la bondad y fidelidad de Dios. Su muerte no fue una muerte natural, sino una muerte tanto más penosa cuanto fue agravado el caso por circunstancias sobrenaturales que aumentaron hasta lo infinito la agonía. Esto es lo que entendemos por la sangre de Cristo, por «la sangre del esparcimiento»: a saber, sus sufrimiento terribles y la muerte de expiación.

I. La sangre del esparcimiento *es el punto central de la manifestación divina bajo el Evangelio.* Notemos su lugar importantísimo en el pasaje que meditamos. Tenemos el privilegio, por la gracia divina, de acercarnos espiritualmente primero al monte de Sión (v. 22), subir sus pendientes y colocarnos en la altura santa y entrar en la ciudad del Dios vivo, Jerusalén la celestial. En sus pavimentos de oro vemos una compañía innumerable de ángeles que rodean el trono. ¡Qué visión de gloria! Pero no debemos parar aquí, porque la gran asamblea general, la reunión festiva, la convocación solemne de los alistados en los cielos se está celebrando, hallándose todos allí ataviados de regocijo, rodeando a su Dios y Señor. Penetremos hasta el mismo trono, donde está sentado el Juez de todos, rodeado de aquellos espíritus puros que han lavado sus ropas, y por lo tanto están ante el trono de Dios hechos perfectos.

¿No hemos avanzado mucho ya? ¿No estamos ya admitidos en el mismo centro de la revelación? Todavía no. Otro paso y estamos frente a frente con el Salvador, el Mediador del nuevo pacto. Aquí se completa nuestro gozo, pero debemos contemplar un objeto más allá. ¿Qué hay en se Lugar Santísimo Interior? ¿Qué es aquello que está escondido en el lugar santísimo? ¿Qué es aquello que es lo más precioso, de mayor valor que todo, o supremo en toda la revelación de Dios? «La sangre preciosa de Cristo, como de un cordero sin mancha y sin contaminación» (1 Pedro 1:19), la sangre del esparcimiento. Esto es lo supremo: es la verdad más profunda de la dispensación de la gracia, en la cual vivimos.

II.   Pido además que leáis el texto y toméis nota de que *este esparcimiento de la sangre, según está mencionado por el Espíritu en este texto, es del todo idéntica con Jesús mismo. Veamos*: «A Jesús, el Mediador del nuevo pacto, y a la sangre del esparcimiento que habla mejor que la de Abel. Mirad que no desechéis al que habla.» Este giro inesperado sólo se puede explicar por la suposición de que en la mente del escritor, Jesús y la sangre eran idénticos. Mediante lo que podríamos llamar un giro gramatical, poniendo *él por ella*, el Espíritu de Dios con intención o a propósito nos hace patente la verdad importante de que el sacrificio es idéntico con el Salvador. «Nos hemos llegado al Salvador, el Mediador del nuevo pacto y a la sangre del esparcimiento que habla; mirad que no desechéis a Él.» Queridos amigos, no hay Jesús sin esparcimiento de sangre; no hay Salvador sin sacrificio. Insisto en esto, porque hoy día se procura predicar a Cristo aparte de la cruz y de la propiciación. Se le presenta como gran maestro de moralidad, como un espíritu de abnegación, como el campeón que será de una gran reforma moral, sobre la que se formará su reino. Aun se sugiere que a este reino no se le ha dado la importancia debida por haberlo impedido la cruz. ¿Pero qué es Jesús sin el sacrificio? No hay tal Jesús si le separamos de la sangre del esparcimiento, que es la sangre del sacrificio. Sin la propiciación nadie puede ser cristiano y el Cristo no puede ser Jesús. Si arrancamos del Evangelio de Jesús la sangre del sacrificio, le quitamos el corazón y le robamos la misma vida. Si hollamos la sangre del esparcimiento, reputándola cosa común, en lugar de ponerla en el umbral y en los postes de la puerta, hemos cometido transgresión horrenda. En cuanto a mí, no permita Dios que me gloríe, salvo en la cruz de nuestro Señor

Jesucristo, ya que para mí esa cruz es idéntica a Jesús mismo. No conozco a otro Jesús que aquel que murió, el Justo por los injustos. Puédese separar a Jesús de su sangre materialmente, pues por la obra de la lanza y los otros instrumentos de tortura, se quitó la sangre del cuerpo del Señor; pero espiritualmente esta «sangre de esparcimiento» y el Cristo, mediante el cual vivimos, son inseparables, una mismísima cosa; de suerte que no podemos conocerle verdaderamente o predicar su nombre eficazmente, si no le presentamos cual víctima inmolada por el pecado. No podemos confiar en él, a no ser que confiemos en él como quien hace la paz por la sangre de su cruz (Efe. 2). Si rechazamos la sangre, rechazamos a Jesús mismo. Nunca se separará de su gloria de Medianero, por su sacrificio por nosotros, ni podemos nosotros acudir a Él si desconocemos ésa su categoría. ¿No lo enseña bien claro nuestro texto que son uno Jesús y su sangre del esparcimiento? Lo que Dios ha juntado no lo separe el hombre. Acordémonos bien de ello.

III.   Esta sangre del esparcimiento *se relaciona estrictamente con el nuevo pacto.* No hay que extrañar que aquellos que tienen ideas vagas sobre la propiciación no tengan nada de importancia que decir en cuanto a los pactos, tanto del antiguo como del nuevo. La doctrina en los dos pactos es la médula de la divinidad; pero estos espíritus vanos desprecian el asunto. Y es natural, porque tratan de la redención sólo con ligereza. ¿Pues qué pacto hay sin sangre? Si un pacto no se ratifica con sangre, si no se hace sacrificio para confirmarlo, no resulta tal pacto a la vista de Dios ni a la de los hombres entendidos. Pero, hermanos, vosotros que conocéis al Señor y procuráis conocerle mejor, para vosotros el pacto de la promesa es una herencia de gozo, y su propiciación es lo más precioso, ya que constituye la garantía del nuevo pacto. Para nosotros la muerte de

Cristo, cual sacrificio, no es una doctrina sino la doctrina; no una consecuencia de otras doctrinas, sino la esencia, el meollo de la doctrina cristiana. Para nosotros, Jesús, en su obra redentora, es el alfa y omega, el principio y fin, porque en Él el pacto principia y acaba. Sabemos que se confirmó con sangre. Si se trata de pacto humano, es válido; si se ratifica, es válido; pero éste es el pacto de Dios, confirmado por promesas, juramentos y sangre, y permanece en vigor para siempre. Cada creyente tiene tanto interés en este pacto como Abraham, el padre de los creyentes, porque el pacto se hizo con él y su simiente espiritual, siendo confirmado en Cristo para toda esa simiente y para siempre por su preciosa sangre.

IV.   Pero quiero que notéis que, según el texto, *la sangre es la voz de la dispensación nueva.* Acordaos de que en Sinaí hubo «el sonido de la trompeta y la voz de las palabras, la cual, los que la oyeron, rogaron que no se les hablase más.» Así es que en la nueva dispensación también esperamos que una voz hable y no llegamos a ninguna hasta hallar el último objeto en la lista y vemos allí la sangre del esparcimiento que habla. Aquí, pues, tenemos la voz del Evangelio. No se trata de un sonido de trompeta ni de palabras emitidas con majestad espantosa; pero la sangre habla y por cierto no hay voz más penetrante, más potente, más constante. Dios oyó la voz de la sangre de Abel y visitó a Caín, con castigo correspondiente a su crimen por haber matado a su hermano. Y la sangre preciosa de Jesucristo, el Hijo de Dios, clama a los oídos de Dios con voz que siempre se oye. ¿Cómo podrá imaginarse el hombre que el Señor Dios permanece sordo al sacrificio de su Hijo? En todas estas edades la sangre ha clamado: «¡Perdónales! ¡Perdónales! ¡Acéptales! ¡Líbrales de bajar al abismo, porque he hallado un rescate!»

La sangre del esparcimiento nos habla a nosotros para enseñarnos, así como habla a Dios intercediendo.

Clama a nosotros, diciendo: «¡He aquí el mal del pecado! ¡He aquí cómo Dios ama la justicia! ¡He aquí cómo ama a los hombres! Ve que te es imposible escapar del castigo por el pecado, fuera del gran sacrificio, en que el amor y la justicia de Dios se manifiestan por igual. ¡He aquí cómo Jehová no perdonó al único Hijo, sino que le entregó libremente por todos nosotros!»

¡Qué voz la de la reconciliación! Voz que aboga por la causa de la santidad y del amor, de la justicia y de la gracia, de la verdad y de la misericordia. «Mirad que no desechéis al que habla.»

V. Esta voz es *idéntica a la voz del Señor Jesús*, pues así consta aquí. «La sangre del rociamiento que habla. Mirad que no desechéis al que habla.» Sea cual fuere la doctrina del sacrificio de Jesús, es la principal enseñanza de Jesús mismo. Debemos observar que la voz que habló desde el Sinaí fue también la voz de Cristo. Jesús mismo promulgó aquella ley cuyo castigo hubo de sufrir. Quien la proclamó en medio de la tempestad fue Jesús mismo. Notemos la declaración: «La voz del cual entonces conmovió la tiemma...» (v. 26). En cualquier momento que oigas el Evangelio, estás oyendo la voz de la sangre preciosa de Jesús mismo, la voz de aquel que conmovió la tierra en el Sinaí. Esta misma voz, no sólo conmoverá en su día la tierra, sino también el cielo. ¡Qué voz más solemne es la de la sangre del esparcimiento, siendo como es la voz del eterno Hijo de Dios, que puede hacer y también deshacer! ¿Quisierais que yo callara respecto a esta voz? ¿Quisiera alguien de vosotros intentar cosa tan horrible? Se nos criticará si continuamente proclamamos este mensaje del cielo acerca de la sangre de Cristo. ¿Pero hablaremos en voz baja, porque algún vicioso tiemble al oír la palabra sangre, o porque algún «intelectual» se rebela contra la idea antigua del sacrificio propiciatorio? No, por cierto. Al contrario; preferiríamos que se nos cortara la lengua antes que cesar la predicación acerca de la sangre preciosa de Cristo. Para mí no hay cosa que valga la pena de meditarse ni de predicarse fuera de esta gran verdad, que es el principio y el fin de todo el sistema cristiano, a saber: Que Dios dio su Hijo para que muriese, a fin de que los pecadores vivan; y esto no es sólo la voz de la sangre, sino la voz de Cristo mismo.

VI. *Esta sangre habla siempre.* El texto no dice: «La sangre que habló», sino «la sangre que habla», que está hablando. Continúa hablando siempre, siendo un ruego a Dios y un testimonio a los hombres. Nunca callará, ni en un sentido ni en otro. En su oficio intercesorio, el Salvador resucitado y ascendido al cielo, habla siempre al Altísimo por su sacrificio. Por la enseñanza del Espíritu Santo,, la redención hablará siempre para la edificación de los creyentes en la tierra; pero también en este caso es la sangre la que habla. Según nuestro texto, éste es el discurso único que nos ofrece esta dispensación. ¿Se acallará este discurso? ¿Dejaremos de escucharlo? ¿Dejaremos de repetirlo? Lejos sea de nosotros, y Dios no nos lo permita, si tal intentáramos. Día y noche, el gran sacrificio continúa clamando a los hombres: Arrepentíos de vuestros pecados, porque a vuestro Redentor le costó carísimo vuestro rescate. Dios vio con lenidad los tiempos de ignorancia, pero ahora denuncia a todos los hombres en todos los lugares que se arrepientan, ya que puede perdonar, y, sin embargo, ser justo. Vuestro Dios ofendido os ha provisto, Él mismo, de un sacrificio. «Venid, pues, para ser rociados con la sangre y reconciliados con Él de una vez para siempre.» La voz de esta sangre habla en cualquier lugar, donde haya una conciencia que sienta su culpa, en cualquier puesto donde haya un corazón quebrantado, donde haya un pecador que busque perdón, donde haya un alma creyente. Habla con voz tierna, familiar, agradable, consoladora. Para el oído del arrepentimiento no hay música más encantadora que aleje los temores. No cesará de hablar mientras haya un pobre pecador que busque a Cristo, mientras haya en la tierra una oveja perdida que le implore. Escuchadle.

VII. Finalmente, notemos que la sangre del Señor *habla mejor que la de Abel*, y ¿qué dice? Dice que «hay redención por su sangre, la remisión del pecado, según las riquezas de su gracia.» El cual mismo llevó nuestros pecados en su cuerpo sobre el madero, para que nosotros, siendo muertos a los pecados, vivamos a la justicia: *por la herida del cual habéis sido sanados.* Al que no conoció pecado, hizo pecado por nosotros, para que nosotros fuésemos hechos justicia de Dios en Él. La voz de la sangre es ésta: «Seré propicio a sus injusticas? *Y de sus pecados y de sus iniquidades no me acordaré más. La sangre de Jesucristo su Hijo nos limpia de todo pecado*» (1 Pedro 1:19; 2 Cor. 5:21; Hebr. 8:12; 1 Juan 1:6, 7). Por lo visto, pues, hermanos, estas cosas son mejores que las que pudo decir la sangre de Abel, y son de las que habla la sangre de Jesús a cada persona que por la fe acepta ser rociada con ella. Si no se nos aplica por la fe, no nos dice nada. Pero al aplicarse a cada individuo creyente, le dice palabras de bendición que deleitan el alma.

El apóstol dice que «os habéis llegado... a la sangre del rociamiento. ¿Se puede decir esto en tu caso? La sangre del esparcimiento, ¿te ha sido aplicada a ti? ¿La percibes? ¿Te ha limpiado? ¿Estás guardado por la misma? ¿Estás unido por ella a Dios? ¿Estás consagrado al servicio de Dios por la redención? Si así es, entonces adelante y, en firme confianza que no vacila, bendice la sangre del esparcimiento. Proclama este hecho glorioso, diciendo a cada pecador que halles que si el Señor Jesús le limpia con su sangre, será «emblanquecido más que la nieve». Predica el sacrificio expiatorio del Cordero de Dios y celébralo y cántalo, acordándote del triple canto del capítulo 5 del Apocalipsis, en el cual primero los ancianos y los seres vivos alrededor del trono cantan un cántico nuevo, diciendo: «Tú fuiste inmolado, y nos has redimido para Dios con tu sangre, de todo linaje y lengua y pueblo y nación.» Después, la multitud de millones de millones de ángeles continúan el canto: «El Cordero que fue inmolado es digno», etc. Pero no es esto todo, pues nos dice el apóstol que: «Toda criatura que está en el cielo, y sobre la tierra, y debajo de la tierra y que está en el mar, y todas las cosas que en ellos hay están, diciendo: Al que está sentado en el trono, y al Cordero, *sea* la bendición, y la honra, y la gloria y el poder, para siempre jamás.» ¿No veis cómo todos ensalzan al Señor Jesús en su calidad de sacrificio o cual Cordero inmolado? Me queda poca paciencia para con los que dejan a un lado esta verdad y aun se burlan de ella o de propósito la presentan mal. Señores: si queréis ser salvos, es indispensable que seáis rociados con la sangre. El que no cree en Cristo Jesús y en su sacrificio expiatorio, perecerá. El Dios eterno rechazará con disgusto infinito al que rechaza el sacrificio amoroso de Jesús. El que no creyó necesitar este sacrificio maravilloso, esta expiación divina, no tiene otro sacrificio por el pecado, no le queda más que «la oscuridad de las tinieblas» y la tempestad simbolizada en el Sinaí. Los que rechazan la expiación ideada por la sabiduría eterna, provista para los hombres por el amor eterno y aceptada por la justicia eterna, éstos han firmado ya su sentencia de muerte y nadie se maravillará de que se pierdan sus almas. ¡Que Dios os guíe al Crucificado! Amén.

Capítulo 3

JESUCRISTO NO PUEDE SER BURLADO

> *«Mas ellos no se cuidaron, y se fueron, uno a su labranza, y otro a sus negocios»* (Mat. 22:5; léase toda la parábola de las bodas: Mateo 22:1-14).

El hombre no ha cambiado desde los días de Adán; es el mismo hoy que entonces. En su constitución física es absolutamente el mismo, como lo prueban los esqueletos humanos de los siglos pasados, que ofrecen una identidad perfecta con los de nuestra época. Su ser moral sólo ha sufrido muy ligeras modificaciones; de suerte que cuando se ha escrito del hombre en los anales del pasado, podríase escribir del actual. ¡Nada hay nuevo debajo del sol! Aparte de algunas diferencias exteriores y superficiales, encuéntranse los mismos tipos, y los mismos caracteres que los que existieron en las edades más remotas.

Así es que hay todavía hombres exactamente iguales a los que el Salvador nos retrata en las palabras de nuestro texto: *Mas ellos no se cuidaron, y se fueron, uno a su labranza, y otro a sus negocios,* sin cuidarse en modo alguno de las gloriosas realidades del Evangelio. Éste es el importante tema, estimados hermanos, sobre el cual deseo hablaros hoy. Según mi parecer, la indiferencia por las cosas espirituales, así como el desprecio de Cristo y su obra, constituyen el pecado más enorme de que el alma humana se puede hacer culpable. Y aunque debido a esto tenga que sufrir la acusación de los que pretenden ser más sabios que la Palabra escrita, de que quiero exaltar sobradamente la libertad del hombre, colocándome en el terreno de la legalidad, deseo preveniros contra este pecado y deciros con toda la energía de que soy capaz, que de ningún modo será tolerado quien se burla de Cristo y de su gracia.

Tengo, sin duda, ante mí en este instante a muchas almas a quienes se aplican las palabras del texto. ¡Pueda ya dirigirme a ellas de una manera incisiva y penetrante a la vez! Y a todos vosotros, hermanos míos en Jesús, que conocéis el arte celestial de la oración, os suplico que os unáis a mí para pedir al Señor se digne hacer eficaces mis palabras, de tal suerte que puedan llevar frutos de justicia para la salvación de muchas almas.

Leamos, pues, de nuevo, nuestro texto: *Mas ellos no se cuidaron, y se fueron, uno a su labranza, y otro a sus negocios.*

I

En primer lugar preguntémonos *¿de qué no se cuida el pecador?*

Los súbditos del rey no se cuidaron ni de la amable invitación del soberano; ni del festín que había preparado en honor del casamiento de su hijo; ni tan siquiera de los delicados manjares que se les ofrecía y de los cuales se privaron voluntariamente. Igual sucede con las almas que no responden a los llamamientos de Cristo ni se adueñan de la salvación cumplida por Él: desprecian abiertamente el glorioso banquete de la gracia al cual el Padre celestial las invita. Bien sé que aquí tocamos cuestiones candentes. ¡Quiera, pues, el mismo Espíritu Santo ser nuestro guía!

Tomada la parábola por base de nuestras consideraciones, observamos, en primer lugar, que los pecadores no tienen en cuenta el mensaje que los siervos les trajeron de parte de su amo, al decir: «Todo está preparado, venid.» Los que habían sido convidados a las bodas, despreciaron a aquellos servidores del rey; pues en lugar de seguirles sin demora, se fueron uno a su labranza, y otro a sus negocios. Asimismo sucede con todo aquel que desatiende la gran salvación traída por Jesucristo al mundo: a la vez desprecia la invitación y al ministro del Evangelio encargado de anunciársela. Y pensadlo bien, mis queridos oyentes, esto no es una pequeña ofensa a los ojos de Dios. Porque nuestra gran nación de seguro se consideraría justamente insultada si alguien se atreviera a desdeñar a algunos de sus embajadores; y por lo tanto estad seguros que del mismo modo el Rey del cielo es insultado, cada vez que tratáis con desdén a los embajadores que os envia. Pero, después de todo, esto es comparativamente de poca importancia, porque los embajadores, al fin y al cabo, son hombres como vosotros, y si los desdeñáis y vuestras injurias van sólo contra sus personas, ellos os perdonan de todo corazón y de consiguiente el mal no será muy grande.

Mas los invitados de nuestra parábola despreciaron también el *festín*. Algunos, aparentemente, se imaginaron que los animales engordados y demás manjares de la mesa real, no debían ser mejores que las provisiones que tenían en su casa. «¡Bien insensatos seríamos, diríanse sin duda, si por una cena suspendiéramos los quehaceres de nuestro negocio o bien los trabajos de nuestros campos!» Y tú, pecador, cuando desprecias la gran salvación de Dios, ¿sabes bien lo que haces? Pues ultrajas el Evangelio de la salvación, tienes por una cosa vana la fe que justifica, pisoteas bajo tus pies la sangre de Jesús, rechazas el Espíritu Santo y te apartas del camino del cielo. ¡Promesas de la alianza eterna, dulzuras de la comunión de Cristo, bienes inefables preparados por Dios para los que habrán venido del banquete de las bodas del Cordero, nada de todo esto vale en tu estima ni un solo deseo, ni un esfuerzo, ni un solo sacrificio! ¡Ah!, es cosa grave y sería burlarse del Evangelio; porque en esta buena nueva, en este testamento de Dios, hállase concentrado todo lo que la naturaleza humana necesita, todo lo que las mismas almas glorificadas son susceptibles de recibir. ¿Qué? ¿Despreciar el santo Evangelio de Dios? ¡Cuánta aberración! ¡Qué acto de demencia! Desprecia las estrellas, que la mano de Jehová ha sembrado en el espacio, y lamentaré tu locura. Desprecia esta tierra creada por Dios, con sus bellas montañas, con sus límpidas corrientes, con sus verdes praderas, y te llamaré un pobre insensato. Mas, si desprecias el Evangelio de Cristo, si no tienes en cuenta las invitaciones de la gracia, en verdad te digo que eres mil veces más insensato que aquel que no puede ver ningún resplandor en el Sol, ningún encanto en el astro de la noche, ni esplendor en el firmamento estrellado. Sí, pisotea bajo tus pies, si te place, las magnificencias de la creación; mas te suplico que te acuerdes que, menospreciando la salvación del Evangelio, desprecias la obra maestra del Creador, que ha costado más trabajo a su alma que el crear miles de mundos, puesto que ha sido llevada a cabo al precio de la sangre de su Hijo.

Pero todavía hay más. Los invitados de la parábola no hicieron caso *del hijo del rey*, pues que se celebraban sus bodas, y el rehusar la participación en la cena, constituía una injuria dirigida contra aquel para cuyo honor estaba preparada, mostrando de este modo una gran falta de atención y respeto por el Hijo amado del padre. Y tú, pecador, rehusando el Evangelio te mofas igualmente del Hijo del Rey; te burlas de Cristo, de este Cristo ante quien los querubines se postran en adoración; de este Cristo a cuyos pies el arcángel mismo considera como un honor echar su corona; de este Cristo cuyas alabanzas hacen resonar continuamente las bóvedas de los cielos; de este Cristo que su Padre honra por encima de toda criatura, puesto que le llama: *Dios sobre todas las cosas, bendito eternamente.* ¡Ah, sí, que es una cosa seria burlarse del Evangelio, y cosa muy terrible burlarse de Cristo! Ultraja al hijo de un monarca de la tierra, y sentirás los efectos de la cólera del rey; desprecia al Hijo del Monarca del cielo, y el Padre sabrá vengar muy bien en un gusanillo, cual eres tú, el insulto hecho a su Hijo. Por mi parte, mis queridos oyentes, me parece que es un pecado, imperdonable no, es claro, pero es lo más monsteruoso de todo cuandto podamos decir, el tratar al Señor Jesucristo con desdeñosa indiferencia. Jesús, querido Salvador de mi alma, cuando te veo luchar en Getsemaní, sudando gotas de sangre, me prosterno, exclamando: «Oh, divino Redentor, herido por mis rebeliones, ¿se puede hallar en el mundo un pecador tan vil que no te haga caso?» Cuando te contemplo magullado y ensangrentado, bajo los malditos azotes de los soldados de Pilato, me pregunto: «¿Puede haber un alma tan endurecida que desprecie un Salvador tal?» Y cuando en el Calvario te veo clavado al madero, muriendo en las torturas y lanzando este lúgubre grito: «¡Elí, Elí!, ¿lama sabachthani?» (¡Dios mío, Dios mío!, ¿por qué me has desamparado?), me pregunto todavía: «¿Es posible, oh Víctima santa, burlarse de tu cruz?...» ¡Ay, sí! Esto es posible. Pero desgraciados los que así desprecian al Príncipe de Paz, al Hijo del Rey de gloria. Sí, desgraciados: porque si no hubiesen cometido otro crimen, éste sería suficiente, por sí sólo, para echar sobre sus cabezas la condenación eterna. Oh, menospreciador de Jesús, te suplico que consideres lo que haces: piensa que insultas al solo ser que puede salvarte, al que sólo puede sostenerte en medio de las olas del Jordán; al único que puede abrir ante ti las puertas del paraíso y recogerte en su cielo. Que ningún predicador ligero, que ningún *decidor de cosas agradables* te persuada que puedes, sin cometer delito, burlarte de Cristo. ¡Tiembla, pecador, tiembla, te digo! Porque si no te arrepientes, te hallarás envuelto en la terrible destrucción reservada a los enemigos del unigénito Hijo de Dios.

Pero hay más todavía. Los invitados de la parábola no hicieron caso *del Rey* que les invitó a la cena. Y tú, pecador, cuando rehúsas las invitaciones de la gracia, sepas que injurias a Dios mismo. Por otra parte, hay en el mundo muchas gentes que objetan: «Nosotros no creemos en Cristo, pero veneramos al Dios creador y conservador de la humanidad. Hacemos poco caso del Evangelio, tampoco esperamos, en verdad, ser lavados en la sangre de Jesús, ni salvados a la manera de los partidarios de la gracia; pero estamos lejos de despreciar a Dios: somos deístas y nuestra religión es la religión natural.» He aquí mi respuesta a los tales: En tanto que negáis al Hijo, insultáis al Padre; puesto que, quien desprecia al Hijo, desprecia también a aquel que le dio el ser; y por consiguiente, quien desprecia al unigénito Hijo de Dios, desprecia al mismo Jehová. Porque habéis de entender que, fuera de Cristo, no hay religión digna de este nombre, no siendo vuestra pretendida religión natural otra cosa que una ilusión y un engaño. Todo lo más que podrá ser, si fuere, es un vano refugio del hombre que no es bastante leal para declararse enemigo de Dios, ya que aquel que no reconoce en Cristo al Hijo de Dios y al Salvador de los hombres, insulta al Altísimo y cierra la puerta del cielo. No se puede amar al Padre sino por el Hijo, y no se puede rendir al Padre un culto agradable sino por Jesucristo, el gran Mediador de la nueva alianza. Vosotros, pues, que habéis despreciado el Evangelio, habéis despreciado, a la vez, al Dios del Evangelio; vosotros que os habéis burlado de las doctrinas de la revelación, os habéis burlado del autor de esta revelación; vosotros que habéis denigrado el mensaje de salvación, os habéis insurreccionado contra el Rey del cielo. Vuestras blasfemias y vuestros sarcasmos no han caído solamente sobre la Iglesia de Cristo, han caído sobre Dios mismo. ¡Oh! ¡Acordaos, pobres insensatos, acordaos que Dios es un Dios poderoso, un Dios celoso que puede y quiere castigar a sus adversarios! Un Dios que, al no darse cuenta de Él, es hacerse uno asesino de su propia alma, o bien procurarse la sentencia de muerte e inclinada la cabeza, precipitarse hacia la perdición... ¡Oh, deplorable ceguera de las almas que viven y mueren sin darse cuenta de Dios, y prefieren su labranza y sus negocios a los tesoros del Evangelio!

Piensa, desgraciado oyente, que si no haces caso de Dios, ni de Cristo, ni del Evangelio, pruebas con ello que *las solemnes realidades del mundo venidero* son para ti como si no existieran, y ten presente también que, quien se burla de Cristo se burla del infierno, pensando que sus llamas no son más que una palabra y sus tormentos una metáfora; se ríe de las lágrimas abrasadoras que surcan para siempre jamás los semblantes de los réprobos; se burla de sus gritos y maldiciones, de sus lloros y crugimientos de dientes, que constituyen el único concierto de las almas perdidas... ¿No hacer caso del infierno? ¡Oh! ¿No es esto el colmo de la locura, lo mismo que el colmo del endurecimiento?

Considera, además, pobre pecador, que cerrando el oído a los llamamientos divinos, menosprecias el cielo; el cielo, objeto de las aspiraciones de los hijos de Dios; ¡el cielo donde reina una gloria tal que no hay nube que la empañe, y una felicidad tan grande que no puede turbarla ningún suspiro! Rehúsas con desdén la corona de vida, huellas con pie profano las palmas de triunfo, y tienes en poco el ser salvo, en poco el ser glorificado. Ah, cuando estés en el infierno y los cerrojos del inflexible destino se hayan cerrado, entonces comprenderás que no es cosa fácil reírse de las penas eternas. Y cuando hayas perdido el cielo y su felicidad; cuando los cánticos de los bienaventurados, cual eco débil y lejano lleguen hasta tu oído, aumentando, si cabe, tu desesperación, entonces reconocerás, aunque tarde, que valía la pena pensar en el cielo. Ved ahí, pues, de lo que no se cuidó el hombre que desprecia la religión del Evangelio y desconoce el valor de su alma y la importancia de su destino eterno.

«Pero —dirán tal vez algunos—, predicador, nos es tás injuriando. Nosotros no somos hostiles a la religión de Dios, respetamos a sus ministros y observamos los días de descanso.» Esto es posible, amigos míos, y quiero creer que es así; mas, en nombre de mi Maestro, no voy a disculparos, por haber cometido el gran pecado que estamos estudiando juntos y que consiste en no cuidarse de Cristo y de su Evangelio. ¡Escuchad!

II

¿Cómo se manifiesta el que no se hace caso de Cristo?

Esto se puede manifestar de diferentes maneras.

En primer lugar, y en el sentido más sencillo, no se hace caso de las cosas de la salud eterna, cuando se asiste a la predicación del Evangelio sin prestar la atención debida. ¡Cuántas gentes hay que parecen frecuentar nuestros templos y capillas con el solo objeto de entregarse a las dulzuras de una agradable siesta! ¡Qué insulto al Rey de los reyes! ¿Osarían entrar en el palacio de un monarca terrestre pidiéndole audiencia y después quedarse dormidos en su presencia? Y esto, que se avergonzarían de hacer ante un rey de la tierra, lo hacen sin el menor escrúpulo delante del Rey del cielo. Otros no duermen, es verdad, pero por eso no son mejores que aquéllos, porque oyen al siervo de Dios con distracción e indiferencia, como si sus palabras no les concerniesen en nada; pues lo que hiere sus oídos no alcanza sus conciencias, y lo que penetra en el cerebro, no llega hasta el corazón. Cada vez que escucháis el Evangelio sin atención y recogimiento, tenedlo bien entendido, estimados oyentes, os burláis de Cristo. ¡Ay! ¡Cuánto no darían las almas perdidas por oír una vez más los llamamientos de la misericordia divina! ¡Qué no daría ese moribundo colocado al borde del sepulcro, si pudiese ver amanecer de nuevo uno de esos domingos de los cuales otras veces hizo tan mal uso! ¡Cuánto no darías tú mismo, pobre pecador, cuando te hallas sobre la margen del Jordán, si pudieras recibir todavía una invitación de la gracia u oír, aunque fuera por última vez, al ministro de Dios hablarte de la esperanza y del perdón!...

Mas, puede ser que algunos me dirán que escuchan con seriedad y aun algunas veces con atención al Evangelio y otras hacen realmente caso de él; pues he visto hombres estremecerse al oír una predicación poderosa, como si los truenos del Sinaí hubiesen retumbado en sus oídos; he visto abundantes lágrimas brotar de sus ojos, lágrimas benditas que revelaban la viva emoción de sus corazones. Entonces, admirado, me he dicho a mí mismo: «¡Oh, maravilloso efecto de la Palabra de Dios en las almas!» Pero hay una cosa que me ha admirado más todavía que el ver llorar a mis oyentes; y ha sido el contemplar cuán pronto la mayor parte de ellos secan sus lágrimas y las olvidan... Si, pues, hermano mío, ahogas las solemnes impresiones que puedes haber recibido en la casa de Dios, debes saber que te burlas de Cristo y de su Evangelio, tanto como puede hacerlo el burlón impío. Te suplico que medites y tengas temor de que tus vestidos sean manchados con la sangre de tu propia alma, y hayas de oír respecto de ti en el día postrero: «¡Tú mismo te has perdido, oh Israel!»

Pero hay personas que escuchan la Palabra, y aun parece que la reciben; mas, ¡ay!, *su corazón está dividido*. Pues quien no pone a Cristo en el centro mismo de su corazón, muestra evidentemente que no hace caso de Él. Aquel que no da a Cristo sino una pequeña parte de sus afecciones, le desprecia y le ofende, porque Cristo lo quiere todo o nada. Aquel que parte su corazón entre Cristo y el mundo insulta a Cristo de la manera más grave, porque prueba con esto que, a su parecer, Cristo no es digno de poseer el todo. ¡Oh, hombre carnal, tú que eres religioso a medias y profano a medias, tú que eres algo serio, mas muy a menudo frívolo, que pareces algo piadoso y a menudo mundano, hombre carnal, te digo que te estás burlando de Cristo! Y tú, que lloras el domingo, y el lunes vuelves a tus pecados; tú que prefieres el mundo y sus placeres a Cristo y su ley santa, ¿qué haces, te pregunto, sino ultrajar al Señor de gloria? Mis queridos oyentes, os ruego encarecidamente en este instante que os preguntéis, como si estuvierais en la presencia de Dios: «¿Soy yo este hombre?, ¿he hecho esto con Cristo?...» En cuanto al hombre que se cree justo y pretende compartir con el Señor la gran obra de la salvación, sólo diré una palabra, y es que, a pesar de todas sus relumbrantes virtudes y a pesar del oropel de sus buenas obras, le miro como el despreciador por excelencia del Evangelio, y digo a cuantos se le parecen: ¡Temblad! Porque Dios no tendrá por inocente a aquel que ya ha intentado desvirtuar la obra de su Hijo.

Tampoco se hace caso del Señor Jesús, *cuando se hace profesión de piedad, y por la conducta, se deshonra esta profesión*. Miembros de nuestras iglesias, tenéis gran necesidad de ser zarandeados como se zarandea el trigo, porque hay mucho tamo entre vosotros... ¿Qué digo? Peor que esto, y en verdad que sería hacer demasiado honor a ciertos miembros de nuestras iglesias comparándoles al tamo, por cuanto ellos no han tenido jamás nada en común con el trigo; pues ellos no son otra cosa sino cizaña. Ellos forman parte de una asamblea cristiana, como formarían parte de una asociación comercial, con tal que pudieran sacar algún beneficio de ello. Ellos cumplen con celo los deberes exteriores de la religión, a fin de ser vistos de los hombres; comulgan, a fin de ganar la consideración general; parecen seguir a Jesucristo, mas en realidad no tienen otra cosa a la vista que los panes y los peces. ¡Ah!, hipócrita, tú te burlas de Cristo, si no ves en él más que un medio de elevarte en el mundo. Te engañas, si imaginas poderte servir del Hijo de Dios como de un instrumento para mejorar tu posición social o llegar a la fortuna. Cristo no se ha encargado de conseguir para sus discípulos otra cosa que el cielo, y la religión está destinada a procurarnos la felicidad, no para el tiempo, mas para la eternidad; a hacer bien, no al cuerpo, sino al alma. Todos los que quieren servirse de ella con miras carnales y utilitarias, menosprecian vergonzosamente la obra de Cristo. Y también éstos, cuando al postrero día el Rey del cielo afilará sus armas para castigar a sus enemigos, que menosprecian su autoridad soberana, serán despedazados como los demás.

III

Ya es tiempo, queridos oyentes, que propongamos una tercera cuestión: *¿Por qué los invitados de la parábola no hacen caso del mensaje del rey?*

Ellos obraron así por diversos motivos.

Los unos lo hicieron por *ignorancia*. Ignoraban cuán exquisita era la cena, cuán afable era el rey y benévolo el príncipe; pues de haberlo sabido, es muy probable que su conducta hubiera sido diferente. Lo mismo sucede en el mundo. Sin duda alguna, hay entre los que me oyen una multitud de almas que no hacen caso del Evangelio, porque no lo comprenden. Muchos se mofan de la religión, pero pídeles explicación de lo que es esta religión, y pronto sabrás que la mayoría de ellos no la conocen más que como algo ilógico y abstracto. Ponen el Evangelio en ridículo, simplemente porque no comprenden ni tan siquiera su primera palabra, tratándose de materia superior a su alcance. He oído hablar de un bobo que, cada vez que se leía el latín en su presencia, reía estrepitosamente pretendiendo que era un chiste ya que tan extraños sonidos no podían encerrar ningún sentido. Así obran algunos al oír el Evangelio. No lo comprenden, ni en lo más mínimo, y por eso se ríen de él. «Los cristianos, dicen, son unos locos.» ¿Son locos? Pues yo os suplico que me digáis por qué lo son. ¿Será, tal vez, porque no los comprendéis? ¿Estáis bastante infatuados con vuestro propio mérito, para creer que fuera de vosotros no puede haber ni sabiduría ni ciencia? Cuidado, pues, que la locura bien podría estar de vuestro lado. Mas si, en cambio, me contestáis, como Festo a Pablo: «Las muchas letras te vuelven loco», os haré notar que es tan fácil ser loco no sabiendo nada como sabiendo mucho. Os lo repito: la ignorancia en materias religiosas es una de las causas principales de ese desprecio por el Evangelio, que tanto reina entre las masas. ¡Oh!, queridos amigos, si supierais qué buen Maestro es Jesús; si supierais cuán dulce es el Evangelio; si comprendierais que nuestro Dios es un Dios de amor; si pudieseis gustar, aunque sólo fuese durante una hora, los inefables goces de la vida cristiana; si una sola de las promesas divinas fuese aplicada a vuestro corazón por el Espíritu Santo, ¡oh!, entonces, lo afirmo, apreciaríais el Evangelio que predicamos. Decís que no lo amáis; pero, ¿lo habéis gustado alguna vez? ¿Es razonable despreciar la bebida con la cual jamás se han humedecido los labios? Pues dicha bebida puede ser mucho mejor de lo que uno piensa. *¡Oh!* «*Gustad, y ved cuán buen es Jehová.*» Gustad, y cuanto más en verdad lo hagáis, con tanta más verdad también saborearéis inexplicables delicias.

Tocante a mí, puedo decir que espero mucho de esas pobres almas que no hacen caso del Evangelio a causa de la ignorancia. Pues espero que, cuando la verdad les sea claramente anunciada, el Señor se dignará en su amor revelarse a las tales. Estimados míos, huid de la ignorancia y buscad la instrucción; acordaos que *el alma sin ciencia no es buena* (Prov. 19:2). Haced todo lo posible para conocer a aquel que es la vida eterna, y cuando le conozcáis, lejos de tratarle con indiferencia o desdén, le encerraréis en el corazón como vuestro más preciado tesoro.

Pero, probablemente, hubo también invitados que rehusaron obedecer el llamamiento del *rey por orgullo.* «¿Tenemos acaso necesidad de la cena de tu señor?», dirían con marcada altivez al mensajero que les fue enviado. «Entra en nuestras casas y te haremos ver cómo no nos falta buena comida. Mira, nuestras mesas están tan bien provistas como en las que más abundan los buenos manjares; por lo tanto, sin querer hacer agravio a Su Majestad, podemos asegurar que no nos podría ofrecer alimentos más sabrosos que los nuestros. ¿Por qué, pues, habremos de ir a buscar fuera lo que tenemos en casa?» De este modo, el orgullo les privó de aceptar la real invitación. Lo mismo sucede con algunos entre nosotros. ¡Qué!, ¿ir a Dios para ser lavados de nuestros pecados? Pues si decís que jamás habéis sido manchados. ¡Qué!, ¿aceptar ofertas de perdón? Pues si vosotros no tenéis nada que se os haya de perdonar. ¡Qué!, ¿rechazar la gracia de Dios? Pues, ¿no es un insulto hablar de gracia a hombres como vosotros? Si hemos de dar crédito a vuestras palabras, estáis dotados de una excelencia tan extraordinaria, que a decir verdad, el mismo ángel Gabriel tendría motivos de avergonzarse en vuestra presencia. «¡Id al borracho!», decís con desdén. «¡Id a la mujer de mala vida!» Si éstos aceptan una salvación gratuita, nada extraño, porque tienen gran necesidad de ella, pero en cuanto a mí, yo soy un hombre justo, íntegro y digno de consideración. *Yo soy rico, y no tengo necesidad de ninguna cosa* (Apoc. 3:17); pues cumplo escrupulosamente mis deberes religiosos. Es verdad que alguna vez me permito algún desvío, mas tengo cuidado en repararlo en seguida. Alguna vez se enfría mi fervor, mas pronto procuro volver a ganar lo perdido, en una palabra, no tengo nada que reprocharme. Así pues, no he dudado jamás que la puerta del cielo esté de par en par abierta para recibirme. En verdad que no me maravilla, mi querido oyente, que desprecies el Evangelio, por cuanto sus doctrinas están en completo desacuerdo con los pensamientos de tu corazón. El Evangelio te enseña que estás del todo perdido, que tus propias justicias sólo son trapos de inmundicia, de suerte que te será tan imposible ir al cielo fiado en tus méritos, como atravesar el océano sobre una hoja de árbol. Y en cuanto a hacerte un vestido de tus buenas obras, tanto te valdría presentarte a la corte envuelto en una telaraña. ¡Pobre alma! Te digo que es tu orgullo, tu deplorable orgullo, que hace que te burles de Cristo. ¡Que el mismo Señor se digne arrancártelo! Has de saber, además, que este orgullo vendrá a ser para ti, la tea fatal que prenderá el fuego que jamás se apaga. Ten cuidado del orgullo, detéstalo, recházalo con todas tus fuerzas, que por el orgullo el hombre, creado a imagen de Dios, caerá del mismo modo en el abismo de perdición, reservado a los que habrán despreciado al «Hijo del Rey».

Hay otra causa que, sin duda, impidió a gran número de los invitados de la parábola a que tuvieran en cuenta el mensaje del soberano, ésta fue: *su incredulidad.* «¿Qué pensaremos de todo esto?», diríanse unos a otros. «¡Qué!, ¿el rey ha preparado una gran cena? Francamente, esto sí que es extraño. ¡Cómo!, ¿el joven príncipe se casa? La cosa es muy dudosa. ¡Y qué! ¿Todos somos invitados a las bodas? ¡Mensajero, tú te burlas de nosotros, traes un cuento increíble.» De esta manera acogen muchas almas la buena nueva de la gracia de Dios. «¡Cómo! —dicen a su vez—, ¿Jesucristo ha muerto para expiar los pecados de los hombres? Nosotros no lo creemos. ¡Qué! ¿Un cielo?, ¿quién puede estar seguro de que exista? ¿Una eternidad? ¿Cuál es el alma que ha vuelto del mundo de los espíritus? ¡Qué! ¿Es la religión la fuente de la felicidad? Nosotros afirmamos, por el contrario, que vuelve a uno triste y melancólico. ¡Qué! ¿Las promesas de Dios están llenas de dulzura? ¡Todo esto es vano lenguaje! Nosotros creemos en los goces del mundo, pero no en los que pretendéis sacar de las fuentes del Evangelio.» De esta suerte, los hombres rehúsan desdeñosamente la salvación de Dios, a causa de su incredulidad. Si tuviesen un poco de fe en las verdades que la Escritura nos revela, evidentemente su conducta sería del todo diferente. Porque desde el momento que estoy íntimamente persuadido de que si muero, sin conversión, caeré infaliblemente en el abismo de perdición, ¿creéis que no temblaré, viéndome perdido? Y desde el día que crea con toda mi alma que hay un cielo, preparado para los que aman al Señor, ¿pensáis que podré dar sueño a mis ojos y reposo a mis párpados mientras estoy llorando porque este cielo no es mío? ¡Oh, amigos míos, ahora puede la incredulidad privaros de hacer caso de Cristo, más pronto no podrá hacerlo, ya que en el infierno no hay incrédulos, pues allí todos son creyentes. Muchos de los condenados fueron incrédulos durante su vida terrena, pero ahora no lo son, puesto que el fuego del infierno es demasiado ardiente, para que se pueda poner en duda su realidad. Le será muy difícil a un hombre, atormentado por las llamas, negar la existencia del fuego. Difícil será para el escéptico, que tiembla bajo la mirada consumidora de Jehová, el no creer que hay un Dios. ¡Convertíos, incrédulos, o más bien, quite Dios mismo la incredulidad de vuestro corazón! Porque ella es la que os hace despreciar a Cristo, y quien desprecia a Cristo pierde su alma.

Otra clase de invitados (y tal vez más numerosa) no hicieron caso de la cena real, porque *estaban demasiado absortos en sus quehaceres.* En lugar de seguir al mensajero, se fueron uno a su labranza, y otro a sus negocios. Hace poco me hablaron de un rico capitán de navío, que recibió la visita de un hombre piadoso. «Y bien, amigo mío —le dijo éste—, ¿cómo estáis del alma?» «¡Mi alma! En verdad —contestóle el capitán—, ¿cómo tendré yo tiempo para pensar en mi alma? ¡Tengo bastante que hacer con mis buques!» Como una semana después de esta conversación, hubo de tener tiempo para morir aquel rico. El Señor le llamó a comparacer ante su presencia, y cremos que el desgraciado oyó estas solemnes palabras: «Necio, esta noche vuelven a pedir tu alma: y lo que has prevenido, ¿de quién será?» (Luc. 12:20). Oh comerciantes, gente de negocios, ricos de este mundo, ¿cuántos hay entre vosotros que estáis inclinados día tras día sobre los libros de comercio y no leéis jamás la Biblia? Dícese que el dios de la América es el omnipotente *Dólar.* No sé si me equivoco, pero creo que de este lado del Atlántico, los adoradores de *Mammón* no son más raros; que muchas gentes rinden asiduamente culto al omnipotente billete de banco, y el libro que tan religiosamente llevan en la mano, no es el libro de oración, sino su libro de cuentas. Aun el mismo domingo, hay algunos de mis feligreses cuya piedad pasa por ejemplar, quienes, en lugar de irse a la casa de Dios, emplean voluntariamente su mañana calculando los beneficios de la semana o en velar por sus negocios. «¿Orar —dicen, si no en voz alta, al menos entre sí mismos—, ¿orar?, no tenemos tiempo para ello: es menester *ganar* ante todo. ¡Qué!, ¿leer la Biblia?, no, esto es imposible: yo debo velar sobre mis intereses, examinar mis libros e ir a la Bolsa. Es verdad que leo el periódico, pero leer la Biblia no puedo.» Verdaderamente, es muy lógico, queridos amigos, que el huésped inesperado, que se llama muerte, pueda venir de un momento a otro y destruir todos vuestros cálculos y proyectos. Si habéis puesto en arriendo vuestra vida, si Dios se ha comprometido, por ejemplo, a dejaros sobre la tierra noventa y cuatro años, a partir de cierto día seréis muy culpables de pasar la mitad de este tiempo sin cuidaros del alma. Mas, considerando que podéis, cualquier día y cualquier hora del día, recibir la orden de partir de este mundo, que la duración de vuestra vida depente enteramente de la voluntad de aquel que os la dio, ¿no es, yo os lo pregunto, dar prueba de incalificable sandez, de locura sin igual, el vivir únicamente cuidándoos de los miserables intereses de la tierra? ¿Quién podrá decir el número de almas que ha matado el demonio de la mundanalidad? Dios quiera que no perezcamos por nuestro mundanismo.

Existe otra clase de oyentes del Evangelio, que no puedo caracterizar mejor que diciendo que son *la ligereza misma*. Si les preguntáis lo que piensan de la religión, pronto echaréis de ver que apenas piensan en ella. Éstos no le son enemigos, ni se burlan de la verdad; pero jamás les viene al espíritu el intento de tomarla en serio. Móviles e inconstantes como la mariposa, consumen su vida volando de acá para allá, tocando todas las cosas sin fijarse en ninguna. Jamás hacen cosa alguna ni para ellos mismos, ni para los demás, pues su existencia es una especie de perpetuo remolino. Y es forzoso convenir en que estas personas están, por lo general, poseídas de un natural amable; ellas de buen grado se suscriben a las obras de beneficencia; y ya sea que se les pida algo para la construcción de una iglesia o bien para una fiesta mundana, dan voluntariamente su moneda de oro. Por mi parte, y lo digo sin vacilación alguna, si hubiese de principiar de nuevo la vida y me fuera permitido escoger el carácter con el cual quisiera nacer, no escogería éste que acabo de describir; porque creo firmemente que los hombres plácidos e irreflexivos son los que, humanamente hablando, tienen menos probabilidades de ser salvos. Confieso que no me desagrada tener que habérmelas, de vez en cuando, con algún audaz enemigo del Evangelio, por cuanto su corazón es duro como un pedernal, y sé que el primer choque del poderoso martillo de la Palabra de Dios puede hacer añicos y desmenuzar dicho pedernal. Empero, las personas de quienes hablo tienen el corazón verdaderamente de goma elástica: las tocáis, pues ceden; las volvéis a tocar de nuevo y ceden también, siendo del todo imposible producir en ellas la menor impresión duradera. ¿Están enfermas y las vais a visitar? Pues bien, os contestarán con un sí a todas vuestras exhortaciones. ¿Queréis hacerles sentir la importancia de la piedad? A todo os contestarán que sí.

¿Les habláis del infierno que les amenaza o del cielo que se les ofrece? Os contestarán como siempre: sí. Si cuando se hallan restablecidas les invitáis a recordar las buenas resoluciones que pudieran haber concebido en el lecho del dolor, os dirán que sí, de suerte que, a cuanto se les diga y a cuanto se les haga, su respuesta será invariablemente la misma, como ya hemos visto. Oyen al ministro del Evangelio con cortesía y decencia, pero todas sus palabras se deslizan sobre su corazón sin dejar en él el menor vestigio. Procurad llamarles la atención a sus propios desaciertos y pecados particulares, y consentirían a todo, pero, por desgracia, no se apropiarán de nada. Todo lo aprobarán, mas se quedarán insensibles. Ah!, tiemblo por tales almas. Repito que tiemblo más por ellas que por los incrédulos declarados. Ved, por ejemplo, un rudo marino que, de vuelta de sus viajes a tierras lejanas, entra por casualidad en un local donde se celebra culto, un marinero que ha sido hasta el presente un renegado, un blasfemo, un impío; mas apenas el amor de Cristo le ha sido anunciado, el corazón de tal hombre se despierta y se quebranta bajo la acción poderosa del Espíritu de Dios. A su lado se halla, tal vez, un joven que frecuenta regularmente el culto, cuya conducta es honesta y pasa por religioso, quien se dice a sí mismo: «Sé de antemano todo lo que el ministro nos quiere decir, por por cuanto mi propia madre me ha instruido y mi abuelo me hizo aprender la mitad de la Biblia de memoria. Si vengo aquí, es únicamente por respeto a sus deseos y a su memoria, y además porque creo que la religión es buena, sí, para los días de prueba y los años de vejez; pero a mi edad, nadie se ocupa de ella; aún me queda tiempo, más tarde pensaré...» ¡Ay de vosotras, almas frívolas e indiferentes, porque los incrédulos y los publicanos os adelantarán al reino de los cielos! En mi mente os comparo con la reserva del ejército de Satanás; sois sus tropas leales, sus soldados predilectos, y él os gobierna y os guarda a su lado. Cierto que no os envía, como hace con el blasfemo, al fragor de la batalla, pero en cambio os dice: «Estaos cerca de mí, y si el enemigo os amenaza, yo os revestiré de impenetrable armadura.» De este modo, por más que con toda fuerza los dardos del Evangelio silben en vuestros oídos, por más que den contra vosotros alcanzándoos, ninguno penetrará la coraza de vuestra indiferencia, porque tenéis el corazón invulnerable... o más bien, está en otra parte. Os parecéis a una crisálida cuyo insecto ha desaparecido, y cuando venís a la casa de Dios, cuando los acentos de la buena nueva hieren vuestros oídos, no hacéis caso de nada, porque vuestro espíritu es demasiado ligero para darse cuenta de ello.

Es menester, también, que diga algunas palabras respecto a otra clase de personas no menos insensatas. Hay hombres que se burlan del Evangelio con *espíritu envalentonado o por pura temeridad.* Aseméjanse, no *al hombre prudente* de que habla Salomón que *ve el mal y se esconde,* sino a los *simples, que pasan y reciben el daño* (Prov. 22:3). Marchan por un sendero peligroso y oscuro, lo saben perfectamente, pero avanzan siempre sin parar. Puédese, tal vez, poner el pie aquí, pues lo ponen; el terreno les parece más firme allá, pues se arriesgan; más lejos un abismo tenebroso se abre delante de ellos, no importa; dan todavía un paso más; y puesto que después de haberlo dado se hallan sanos y salvos, no ven los motivos por qué no han de dar otro. Así suponen que, como su seguridad ha durado por largor años, durará para siempre. Y puesto que viven todavía, confían que no morirán jamás. Así es que, por una temeridad que raya en locura, creen mortales a todos los hombres excepto a sí mismos, continuando de día en día, de año en año, burlándose del peligro y despreciando las invitaciones de la gracia. ¡Temed, almas presuntuosas! Porque el día viene cuando recogeréis los frutos de vuestra demencia.

En fin; por más que sea cosa extraña, hay gentes que no aprecian el Evangelio, *por la razón de que está al alcance de todo el mundo.* Es predicado casi por todas partes. No faltan ocasiones para oírlo. Respecto a la Biblia sucede que se halla perfectamente difundida en nuestros días, dando por resultado que cada cual puede leerla en su propia casa, y debido a ello muchos no la estiman. Si existiera un solo ejemplar de la Biblia en todo el mundo, ¿no es verdad, queridos amigos, que os afanaríais por leerla? Mas (¡oh, inconsecuencia del espíritu humano!), porque tenéis Biblias en abundancia, rehusáis leerlas; porque los tratados religiosos son tan abundantes, no hacéis caso de ellos; y porque se predica el Evangelio en todas partes, no queréis escuchar las predicaciones. ¡Cómo! ¿Apreciáis menos el sol, porque esparce a lo lejos sus rayos?, ¿o el pan, porque es el alimento que Dios da a todos sus hijos?, ¿o el

50

agua, porque cada fuente os procura líquido fresco que os apaga la sed? ¡Ah!, si tuvierais sed de Cristo, os regocijaríais de que su nombre fuese proclamado por toda la tierra; y lejos de despreciarle a causa de esto, le amaríais aún más.

Pero ellos no se cuidaron, y se fueron, uno a su labranza, y otro a sus negocios.

¿Cuántas almas tengo delante de mí que obran como los invitados de la parábola? ¡Ay! Grande es su número sin duda. Mas antes de separarnos, permitidme dirigiros una última advertencia.

Pecador, que te burlas de Cristo, la hora se acerca, tenlo presente, cuando maldecirás tu locura. Cuando estés en tu lecho de muerte, cuando el rey de los espantos te haya cogido con su mano glacial y te arrastre al río sombrío, ¿qué será de ti? Cuando la retina de tus ojos se rompa, cuando los sudores de la muerte cubran tu rostro, ¿qué harás?... Acuérdate de tu última enfermedad. ¡Cómo temblabas entonces ante la idea de comparecer delante de Dios! Cuando presenciaste la última tempestad, ¡qué turbación, qué terror secreto turbaba tu alma, en tanto que repetidos relámpagos iluminaban tu cámara y la poderosa voz de Dios resonaba en el espacio! ¡Ah!, pobre alma, si ha temblado por tan poca cosa, ¿qué será de ti cuando vean levantarse el fantasmo de la muerte sobre la almohada de tu lecho y sientas cuán imposible te es escapar de su féretro abrazo? ¿Qué va a ser de ti, si no tienes un refugio donde guarecerte, ningún Salvador para protegerte, ni sangre expiatoria para lavar tu alma impura?... Además, te prevengo, que *tras la muerte viene el juicio.* ¡Hora solemne aquélla, hora tremenda entre todas, para quien se ha burlado de Cristo! ¿Veis aquel ángel que cruza el cielo de una a otra parte? Sus alas son da llama de fuego y en su mano hay una espada de dos filos. Oh, dinos, espíritu celeste, ¿a dónde se dirige tu rápido vuelo?... ¡Escuchad!... Óyese la vibración de un sonido, el más estrepitoso y más terrible de cuantos la lengua humana puede emitir. Es el son de la última trompeta. ¡Mirad! Los muertos se precipitan fuera de sus sepulcros. Sobre las nubes, aparece un carro de triunfo uncido por querubines, y sobre este carro se halla sentado el Príncipe, el Rey... Oh, di, ángel del cielo, ¿qué será del hombre que se burló de Cristo y no ha hecho caso de sus llamamientos, en aquel día terrible?... ¡Mirad! El ángel levanta su amenazante espada: «¡Como la hoz siega la cizaña con el trigo —grita—, así esta valiente espada separará todos los enemigos del Cristo; y como el segador reúne la cizaña y la ata en gavillas para ser quemada, así este robusto brazo precipitará los burladores del Evangelio en ese lugar de tinieblas eternas donde el gusano no muere y el fuego nunca se apaga!»

Queridos amigos, yo os suplico que toméis estas cosas en serio. Tal vez al salir de este templo iréis a burlaros de las palabras del servidor de Dios, o cuando menos a olvidarlas... ¡Ay! ¿qué puedo hacer más que advertiros nuevamente de vuestros peligros? Pecador, te lo suplico por última vez, ¿qué harás en el día del juicio si acaso te hallas comprendido en el número de los que se han burlado de Cristo? ¿Qué harás si el justo Juez te dirige esta justa sentencia: «Apártate de mí, maldito?» ¿Qué harás si el abismo de deesperación se cierra sobre tu alma, y tienes que unir tus gemidos a las espantosas lamentaciones de la multitud de los condenados? ¡Oh, pensamiento abrumador! ¡Hallarse en el infierno, sabiendo que es por la eternidad!... ¡Pecador! En este preciso momento, todavía vengo a anunciarte el Evangelio de salud. Vengo a invitarte, de parte de mi Maestro, al banquete de amor que él ha preparado para los hijos de los hombres. ¡Oye su llamamiento, y Dios quiera concederte la gracia de recibirle, de tal modo que seas salvo! Está escrito: «El que creyere (esto es, que confía en Jesús) y fuere bautizado, será salvo; mas el que no creyere, será condenado» (Marc. 16:16). ¡Que jamás hayas de conocer por experiencia el sentido de esta última palabra: *Condenado!* [1]

1. Relacionando el primer sermón de este libro con los tres siguientes, es posible que alguien pregunte: ¿Cómo podría ser Dios justo si castigara con el infierno a todos los miles de millones de seres humanos por no haber creído un Evangelio del cual nunca han oído? Es imposible, no puede haber infierno, pero éste es el razonamiento de los ateos.

Por otra parte, muchos se excusan diciendo: «Yo soy un hombre honrado, que no quiero a nadie ningún mal y estoy más bien dispuesto a ayudar y favorecer a todos. No siento que me merezca un infierno eterno.»

Permíteme decirte en honor de la verdad en cuanto a la justicia de Dios que el Evangelio no dice que todos los hombres serán castigados con un infierno de fuego como el que Jesús describe en Lucas 16:23-31; por el contrario, en Mateo 11: 20 a 24 y Lucas 12:47-48, Jesús indica que habrá diversidad y grados de castigo para los condenados y podemos creer que los que nunca han oído el Evangelio no van a ser castigados como el hombre rico de la parábola quien según la misma historia tenía un corazón duro para con el prójimo: *primer* motivo de pecado, y en *segundo* lugar poseía la Palabra de Dios: «A Moisés y a los profetas tienen, óiganlos»; por lo cual es patente que él había rechazado los mandatos de Dios conociéndolos.

Hoy nos hallamos en una dispensación mucho más favorable que es llamada en la Sagrada Escritura la Época de la *Gracia,* cuando se nos ofrece el privilegio de ser hijos de Dios con sólo aceptar y creer lo que Jesucristo nos promete, en virtud de lo que Él hizo por nosotros. Es cierto que todos los seres del mundo son pecadores y que Dios ha elegido a un pueblo entre tales pecadores que pueden oír el mensaje del Evangelio y ser salvos. Esto significa ser salvos de toda condenación, más suave o más dura.

Para todos los que no han sido elegidos para salvación, puede que su condenación no sea otra cosa que exclusión o pérdida de la gloria de Dios (Rom. 3:23). Esta pérdida implica naturalmente el no gozar de los privilegios concedidos a la Iglesia de Dios, o sea a los elegidos para salvación, y aquí podemos aplicar la lección ética que nos da Jesús en la parábola de los obreros de la viña: Nadie puede quejarse por lo que es dado a otros. Dios es soberano para dar o dejar de dar sus dones espirituales a quien quiere. Y si el que es excluido del privilegio no llega a enterarse, ni siquiera puede entrar en el resquemor o pesar de la envidia. Quizás éste sea el caso de aquellos que nunca oyeron en vida el mensaje de salvación, y por tanto no tuvieron ocasión de rechazarlo.

El texto de Apocalipsis 20:12 y 13 nos dice que los que tendrán que comparecer ante el tribunal de juicio serán sancionados según sus obras. Una de las obras malas y que tendrá con toda probabilidad mayor castigo, será el haber rechazado o «tenido en poco una salvación tan grande» (Hebreos 2:3 y 4), de modo que los que tuvieron durante su vida conocimiento del mensaje del Evangelio, sufrirán mayor grado de condenación (Lucas 12:47-48) que los que nunca supieron nada del Evangelio, y un remordimiento del que los demás estarán exentos.

Capítulo 4

NEGOCIACIONES DE PAZ

(Este sermón, predicado al aire libre en Cambridge, en relación con la convención anual de la Unión Bautista en 1870, fue sugerido por las tentativas de establecer la paz en el sitio de París.)

Anunciando la paz por Cristo; éste es el Señor de todos (Hech. 10:36).

Dirigiéronse estas palabras a una congregación admirable, porque todos se habían reunido con un mismo objeto, serio y solemne, y se sentían todos en la presencia de Dios, hallándose preparados para oír la buena nueva, como la tierra labrada para recibir la buena semilla. ¡Dichoso el predicador que tiene tal congregación! Haga Dios que sea ésta de la misma naturaleza.

También el predicador era fiel mensajero de la verdad. Tan pronto supo que era Dios quien le enviaba al centurión pagano y a su familia, se presentó en la casa, y hallándole juntamente con los suyos y sus amigos, concentró todas sus fuerzas, sus energías, su alma, todo su ser, en fin, en el mensaje, y sin rodeos, vueltas ni excusas, les anunció a Cristo Jesús, el anunciado por los profetas y visto y contemplado por los apóstoles colgado en el madero, pero resucitado al tercer día. ¡Cuán bueno es que el predicador sienta que predicar no es hacer alarde de retórica, sino que debe proclamar desde el fondo del corazón la pura verdad, sintiéndose en la presencia de Dios, como embajador del cielo, para proclamar, en lugar de Dios, las condiciones de la reconciliación y paz con él!

Todo predicador ocupa un lugar solemnísimo, lugar en que la infidelidad equivale a ser inhumano y además traidor, como Judas, a su Salvador. El ser falsos, en orden a nuestro cometido, merece la condenación más horrorosa. El ser precipitado en juzgar desde el púlpito es situación horrible.

En este texto, Pedro, evidentemente, considera al hombre enemigo de Dios. Aun los de la congregación que tenía en su presencia, atentos y buenos como fueran, vivían por naturaleza en enemistad con su Hacedor. Les habla, por tanto, cual embajador que desea establecer las mejores relaciones entre ellos y Dios, declarando que había venido a anunciarles la paz por Jesucristo, el Señor de todos. Procuraré ahora seguir su ejemplo, y aun cuando no puedo hacerlo como él, en mi pecho arde el mismo deseo por la salvación de las diante Cristo Jesús lleguéis todos a disfrutar de la paz con él.

Explicaré primero algunas razones por las cuales los no reconciliados con Dios debieran buscar hacer paz con él; segundo, procuraré exponer las condiciones de paz; tercero, os manifestaré algo que generalmente se admite como cosa corriente, pero que debe admitirse universalmente y debe reconocerse y sostenerse por cada uno en particular y es: que Jesucristo es el Señor de todos.

I. *Principio, pues, por ofrecer a los no convertidos las razones por qué debieran desear la paz.*

¿No es conveniente insistir, desde luego, en que *es*

muy malo vivir enemistado con cualquier persona sabia y buena? Es bueno vivir en paz con todos los hombres, pero, ciertamente, aún mejor, que seamos amigos de los justos y santos. Sentiría profundamente vivir enemistado con cualquiera, pero consideraría como una verdadera calamidad vivir enemistado con una persona piadosa. Si los ángeles del cielo fueran nuestros enemigos, malo se presentaría el asunto; pero tratándose de oposición al infinitamente bueno, al justo y santo Dios, ¿quién que está en su sano juicio podrá hacer menos que deplorarlo y desear que dicha oposición se trueque en una paz bendita? La guerra al mal, a la injusticia, a la tiranía, es lícita; pero luchar contra la rectitud, la bondad y la santidad, es criminal; es deplorable. Ningún beneficio nos resultará jamás de tal conflicto. Si Dios está por nosotros, nadie tendrá la ventaja sobre nosotros; pero tener a Dios contra nosotros es de sí mismo el mal de los males. Querido amigo: «Amístate ahora con él, y tendrás paz; y ello te vendrá bien» (Job 22:21).

La segunda razón debe ser de mucho peso para todo hombre honrado, y es ésta: *la guerra en que te ocupas es injusta.* Jamás debiera haberse empezado, pues no hubo razón para ello: Dios fue injusta y maliciosamente atacado por sus criaturas ingratas y lo que jamás debiera haberse empezado, debe acabarse cuanto antes. El pecado equivale a guerra contra la justicia, contra el amor, contra la felicidad; la transgresión de la ley divina es transgresión de los mandamientos más equitativos y beneficiosos. Amar el mal es deshonesto, injusto y malvado, y la misma conciencia del hombre se lo dice. Hacer guerra a Dios es luchar contra la verdad y la justicia, y es pelear a favor de la falsedad, de la injusticia, de la maldad. Entregándose los hombres a la voluntad divina, empezando a amar el derecho, la bondad y la verdad, cese la guerra; pero siendo que la guerra contra Dios consiste en hacer el mal, amar el mal, pensar el mal y adherirse a la causa del mal, tal guerra debe, naturalmente, cesar a la mayor brevedad. Aclare pronto el Espíritu Santo esto, llevando el convencimiento a cada corazón, de que no amar a Dios es la maldad más vergonzosa, es la más detestable de todas las enormidades. ¿Será jamás justo que los hijos se rebelen contra sus padres? El buey alimentado por su amo, le sirve; ¿será jamás justo que nosotros, alimentados por Dios, le neguemos nuestro servicio? ¿Qué mal nos ha hecho el Creador para que peleemos contra Él? ¿Qué mal hay en Él para que le tengamos en menos? ¿No abunda en bondad y justicia? ¿No hace que su sol salga sobre malos y buenos? ¿No ha dispuesto los tiempos y guardado su pacto, concediéndonos sazones de siembra y siega, día y noche, invierno y verano, sin faltar jamás? Algunos de vosotros disfrutáis comodidades, otros de buena salud, todos sois favorecidos de un modo u otro; ¿por cuál de estas cosas os rebeláis? Si Dios fuese un tirano cruel, si fuese injusto, si fuese malicioso su gobierno, si os aplastara bajo sus plantas, comprendería vuestra oposición; pero vuestra lucha u oposición actual es una guerra injusta y malvada, porque Dios está lleno de misericordia y su nombre es amor. ¡Ojalá que ahora mismo terminara vuestra resistencia! ¡Oh, Espíritu Eterno, convénceles de pecado, de la justicia y del juicio venidero, y condúceles a la sangre derramada para que tengan perdón!

El tercer argumento para la pronta terminación de la guerra está *en el hecho de que quien ha empezado ha quedado derrotado*. Los primeros rebeldes no fueron nuestros primeros padres: éstos cayeron víctimas del engaño de un rebelde más antiguo. En la esperanza de continuar la guerra contra su Hacedor, Satanás engañó a Eva, incitándola a renunciar el ser fiel a Dios. Y así ha logrado engrosar sus filas con los hijos de nuestra raza; pero al fin y al cabo, poco ha ganado con esta estratagema. Porque Jesús ha triunfado en la cruz sobre las potestades de las tinieblas y ha quebrantado la cabeza de la serpiente. Todavía se le permite seducir y engañar, pero derrotado, su destino es ser «arrojado al abismo» y existir atado por mil años, y por fin ser lanzado en el lago de fuego para ser atormentado día y noche para siempre jamás (Apoc. 20). ¿Por qué quieres que reine sobre ti el condenado, ¡oh, ser humano!? Rebélate contra el príncipe de las tinieblas, revístete de todas las armas contra el jefe de los demonios, rechaza su invitación engañosa y desprecia su mandato. Ni te hizo, ni te conservó; jamás te alimentó, ni te bendijo. Su salario es la muerte en recompensa de vil esclavitud. Sacude su yugo nefando. ¿Por qué le has de servir y compartir con él tan horrible destino? Haga Dios que sacudas su mando, que reniegues de su negra, ensangrentada y asquerosa bandera, y que vuelvas para siempre la espalda al negro diablo para colocarle bajo el pabellón del Príncipe de paz.

He aquí otra razón igualmente poderosa: *las fuerzas que militan contra ti son infinitamente superiores a las tuyas*. Antes de entrar en batalla es prudente sentarse y calcular las fuerzas del contrario. ¿Qué hombre es aquel que con mil piensa vencer al que viene contra él con cien mil? Pensad en esto, vosotros que resistís a Dios. ¿Podrá tu brazo débil resistir al brazo del Omnipotente? ¿Quién permanecerá firme contra el Todopoderoso? Más esperanza hay que la mosca con las alas quemadas en la llama de la lamparilla apague la luz del sol, que no que tú ganes en la batalla contra el Omnipotente. Más bien podrás hacer parar la luna en su curso o arrancar las estrellas de su lugar, que resistir al Todopoderoso. No procure la cera pelear con el fuego ni la paja con las llamas. Dirás tal vez que es valiente quien se coloque en la vía ante las ruedas del tren que viene a toda velocidad, pero esto no es valor, sino temeridad, locura, suicidio cierto. Sin embargo, en peor condición te colocas tú, que te opones al Señor. Dios no cambiará sus leyes para fomentar la necedad del hombre. ¿Por qué había de hacerlo? Sus leyes son justas y santas. El fuego arde, y el necio que meta en él su mano se quemará. Si el hombre se precipita en el abismo, ¿se suspenderán las leyes de la gravitación para socorrer al loco? Si el marino se embarca en un buque podrido, ¿tendrán las olas piedad de su arrojo? Quien pelea contra las leyes físicas lo hace a sus expensas; y asimismo quien lucha contra las leyes morales del gobierno de Dios. Resultados fatales e inevitables se producen por las prácticas pecaminosas; es insigne locura luchar contra el Legislador supremo. Tu rebelión es absolutamente absurda, pobre pecador; por lo mismo, rinde armas y sométete antes que quedes aplastado.

Acuérdate bien que sin la pacificación, *es positiva, ciertísima tu derrota en día más o menos lejano.* Jamás prosperará por mucho tiempo quien se oponga al Todopoderoso. Su paciencia es larga e incalculable, pero reconoce término. Acordaos de Faraón. «¿Quién es el Señor para que le tema?», dijo el arrogante rey de Egipto. Arrostró plaga tras plaga hasta que, al parecer, Dios había vaciado su aljaba pero todavía le quedó la saeta mortal que postró en tierra al monarca endurecido. Y para eso fue levantado, para que fuera un testimonio permanente a todas las generaciones, de que todo aquel que resiste al Señor quedará, finalmente, sin remedio, derrotado. ¡Oh, pecador! Tu fin no será, quizá, que te pierdas ahogado en el mar Bermejo, sino peor todavía, que quedes encerrado donde la esperanza no penetra y donde sólo abunda la miseria. La maldición de las almas perdidas les será prueba sin contradicción, que es cosa inútil, necia y terrible pelear contra el «Señor de los ejércitos». Entrégate, rebelde, porque no tienes la menor esperanza de salir victorioso.

Acuérdate también de *que peleas a un precio incalculable.* Todos los gastos de guerra correrán a tu propia cuenta. Cuanto más tiempo continúes más aumentarán los gastos y peor tu situación, haciendo más inminente tu ruina. Aun cuando al cabo de algún tiempo te entregues, desplorarás lo pasado mientras te dura la vida. Aun cuando te sean perdonados los pecados, las iniquidades cometidas te serán fuente perpetua de disgusto, de pobreza y debilidad. Pues aunque Dios nos sana las llagas del pecado, nos quedan las cicatrices hasta la tumba. Acude, pues, ahora mismo al Señor, confesando tus rebeliones, solicitando la paz. Sin tal paz tu futuro será luctuoso y el presente constituye el presagio de tempestad espantosa que vendrá cuando:

> A su presencia tiembla la Naturaleza;
> enciéndese la tierra, de espanto presa;
> derrítese cual cera la sólida sierra.
> ¿Y sólo tú, alma culpable, no te aterras?
> ¡Oh! Tú que te glorías en tu misma vergüenza,
> entonces, ¿quién será tu amparo y defensa
> cuando el cielo sus copas de ira derrama
> sobre un mundo envuelto en fuego y llama?

Por otra parte, permíteme decirte que *te será enteramente beneficioso entrar en relaciones de paz con Dios*. Tal acto redundará en dicha presente y en tu bienestar eterno. El alma enemistada con Dios se halla enemistada también con sus más caros intereses; pero el corazón que se ha rendido al amor divino, que ha depuesto las armas, amistándose con la misericordia divina, tal corazón disfruta de la paz, ha encontrado reposo y se halla en condiciones para vivir feliz en el mundo y bienaventurado eternamente en el cielo. Aun cuando no hubiera cielo ninguno, fuera provechoso vivir en armonía con Dios. Pero al pensar en un futuro eterno, aun la más superficial consideración basta para convencernos de la necesidad urgente de reconciliarnos con Dios. Por tanto, sé sabio; admite consejos y haz lo que más te conviene, a saber: busca la paz rindiéndote a la voluntad del Cristo, que es el Señor. El deseo de mi corazón y mi oración es que te visite el Espíritu, ablande tu corazón, ilumine tu mente y dirija tu voluntad, de modo que desde ahora busques en Cristo el perdón y halles la paz.

II. *En segundo lugar expondré las condiciones bajo las cuales se puede negociar la paz.*

Esta noche izaré bandera blanca. Pido un momento de armisticio, de suspensión de hostilidades. Entretanto, Dios retiene sus rayos y truenos y permite al rebelde vivir, mientras proclama las condiciones de amnistía. Por tanto, ¿quieres la paz? ¿Deseas de corazón trabar amistad con Dios? Escucha, pues, la primera, la principal, la condición *sine qua non*, y es: que la paz se establezca mediante un embajador nombrado por Dios mismo, a saber, mediante el Hijo unigénito, Jesucristo. Aquí está el texto, anunciando la paz por Jesucristo. Jamás habrá paz entre Dios y el hombre que desprecie la persona, el nombre y la obra de Jesucristo. Si rechazas ese nombre no hay otro por el cual alcances la salvación. Él es el fundamento de la paz, puesto desde antiguo y nadie puede poner otro fundamento. Escucha, pues, y desaparezca de tu mente toda tiniebla mientras hablemos de esa Persona gloriosa, que Dios te envía cual Plenipotenciario del cielo, cual Embajador del Eterno. Este Jesucristo es en realidad Dios mismo; Dios sobre todo, siempre bienaventurado, Sabedor perfecto de todo y autorizado divinamente para el asunto. Pero también es hombre, hombre como tú, positivamente hombre, y por tanto, apto para tratar misericordiosamente con el hombre. Siendo, por tanto, tu hermano, acéptale como a tal Embajador. Como Mediador no existe igual. Su naturaleza divina, su naturaleza humana, su muerte por ti, todo te invita a entregar con toda confianza tu desgraciada causa en sus manos. ¡Haga Dios que así suceda, porque el caso es urgente!

Además, en orden a la negación, desearía decirte,

¡oh enemigo de Dios!, que ya está removido el gran impedimento que te priva de tener paz con Dios, porque está ya satisfecha la justicia divina que has insultado, y esto por Cristo Jesús, cuyo sacrificio ha sido suficiente recompensa para el agravio causado por el pecado humano. De parte de Dios ya no existe impedimento: hay perdón para todo aquel que cree en Jesús. Está removida la montaña de separación por la muerte de Cristo. Anímete tal hecho. Si deseas de veras conseguir la paz con Dios, sus condiciones son éstas: no te pide retribución, no te pide millones ni sacrificios tuyos. Si poseyeras las riquezas de todas las Indias, Dios rechazaría semejante cohecho. Si tuviera hambre no te lo diría; si tuviera sed no acudiría a ti; porque no bastaría el Líbano con todos sus animales para un holocausto. No te pide oro ni plata; no te pide padecimiento, penitencia o desesperación. No tendría gusto en verte padecer, pues se deleita en vernos felices y dichosos, siempre que nuestra felicidad no sea en perjuicio de los demás. No te pide méritos o sacrificios tuyos, pues serías incapaz de producirlos, por mucho que los pidiera. Has pecado antes y lo harás todavía; imposible que pagues por lo pasado con las perfecciones de lo futuro. Has cometido transgresión de la ley y no eres capaz de cumplirla. Si quieres ganarte la vida por el pacto de las obras, incurres en la maldición de la ley. Así es que Dios no pide que te salves por tus méritos y tus obras, sino te declara, misericordiosamente, que se halla lleno de gracia, de misericordia, dispuesto a perdonar y remitir el pecado ahora mismo. Esto es todo cuanto el Señor te pide, a saber: *que creas*; que sin reserva confíes en su Hijo unigénito, quien sufrió por ti la muerte en la cruz, resucitó y subió al cielo, donde vive siempre intrcediendo por ti. Confíale a él la salvación de tu alma. Y, ¡abajo las armas de la rebelión, confesando tu culpa al mismo Dios ofendido, en nombre de Jesús! «Deje el impío su camino, y el hombre inicuo sus pensamientos; y vuélvese a Jehová, el cual tendrá de él misericordia y al Dios nuestro, el cual será amplio en perdonar» (Isa. 55:7). No alimentes más la víbora en tu pecho, que será tu perdición. Échala de ti por el poder de quien murió para salvarte.

¿Dirás que esto es difícil? ¿Son duras tales condiciones? ¿Es difícil confesar el mal que has hecho? ¿Es demasiado pedir? ¿No es equitativo, no es natural que lo hagas? No es posible sanar, mientras te hieras a ti mismo. El veneno no se extinguirá en tus venas, mientras lo estés tomando. No, no... Mira la cruz y odia el pecado, que clavó al bien Amado en el madero. Contempla al que murió en la cruz por ti y esto redundará en la muerte del pecado. Pero me dirás: «¿No me queda nada que hacer, nada que llevar a Dios?» Respondo: «Nada que llevarle; nada que hacer; pero tienes mucho que recibir, porque debes aceptar a Cristo como sumo bien.» Es deber tuyo rendir armas y decir ahora mismo: «Gran Dios, me entrego; haya fin a mis yerros. Señor Jesús, te entrego mi alma para siempre; sálvame. Y habiéndome perdonado, hazme tú mismo obediente a tu voluntad.» «Heme aquí, Jesús bendito, agobiado vengo a ti.» Misericordia infinita, recíbeme. Sangre preciosa de Jesús, límpiame. Espíritu Santo, santifícame. Dios Creador, crea en mí un corazón nuevo. Jesús, amante de mi alma, hazme corresponder a tu amor.» De este modo se halla la paz, la verdadera paz por Cristo Jesús.

III. *Y, finalmente, debo publicar el manifiesto que hizo Pedro al dirigirse a Cornelio y sus amigos congregados en su casa.*

Este manifiesto se debe proclamar enérgicamente por doquiera que se anuncie el Evangelio de la paz. *Él es el Señor de todos.* Esto equivale a decir que Cristo Jesús, que murió en el Calvario, en el cargo de Mediador, que por el Padre le fue entregado, es Señor de la humanidad entera. Es Señor, no sólo del judío, sino del gentil; no de una raza y nación, sino de todas las tribus nacidas de Adán. «Es Señor de todos.» Acordémonos del texto: «Como le has dado potestad de toda carne, para que dé vida eterna a todos los que le diste» (Juan 17:2). El gran objetivo del cargo de Mediador es la salvación de los elegidos y es para lograr tan gran objetivo que se le ha dado poder sobre toda carne; es decir, sobre toda la humanidad, y tan sólo sobre la base de esta verdad podemos proclamar el Evangelio a toda la base de esta verdad podemos proclamar el Evangelio a toda criatura debajo del cielo. Por tener Cristo el poder sobre toda carne, podemos predicar el Evangelio a toda carne. Por ser el Señor de todos, podemos predicar el Evangelio a todos y decir a todos cuantos lo oigan: «El que quiera, tome del agua de vida de balde.» Hijos de los hombres, el Hijo de Dios es vuestro Rey.

No os halláis tanto bajo el cetro absoluto de Dios, como bajo el cetro de plata del Mediador. Le podéis odiar; le podéis vilipendiar; pero «yo publicaré el decreto —dice el salmista—. Yo empero he puesto mi rey sobre Sión, monte de mi santidad» (Sal. 2:6). Se amotinan las gentes, los príncipes consultan unidos, pero Dios ha ungido a Cristo por Rey de reyes, Señor de señores, y bajo su reinado vivimos. Esta verdad es animadora, en verdad, pues así vivimos bajo el reinado de la soberana gracia, bajo el reinado del Dios humanado, de Emmanuel, Dios con nosotros. Párate y piensa, pecador. Necesitabas un mediador entre ti y Dios, y Cristo Jesús ocupa tal puesto. No necesitas mediador alguno entre ti y Cristo; acércate a Él tal cual eres y te recibirá. No te puedes acercar a Dios por su categoría de soberano; te es preciso obtener la mediación de Cristo y lo puedes hacer ahora mismo. Acude a Él: no necesitas quien te presente. Acude ahora sin más ni menos. Ojalá que el Espíritu bendito incline suavemente tu corazón para que «beses al Hijo, porque no se enoje y perezcas en el camino».

Declarando el texto el «señorío de Jesús», nos proporciona la razón más sólida, por la que debemos entregarnos confiadamente en sus manos, rendirle homenaje y obediencia. Si es Señor de todos, si todo le está sometido, con toda seguridad debo poder depender de Él. Es verdad lo que dice el apóstol: «Nada dejó que no sea sujeto a Él; pero aún no vemos que todas las cosas le sean sujetas; empero, vemos coronado de gloria y de honra, por el padecimiento de muerte, a aquel Jesús que es el hecho un poco menor que los ángeles, para que por gracia de Dios gustase la muerte por todos.» Reina en las alturas, y está decretado que «en el nombre de Jesús se doblará todo rodilla y toda lengua confesará que Jesucristo es el Señor para la gloria del Padre.» Por lo mismo, confía en Él. Ha sido ensalzado «por Príncipe y Salvador», para dar arrepentimiento y remisión de pecado. Todo su poderío se relaciona con la misericordia; la gracia perfuma todos sus atributos.

Por lo mismo que Jesús es Señor, os pido, compatriotas, que le rindáis homenaje sirviéndole. Obedecedle, porque es vuestro legítimo Señor y Soberano. Esto os debe ser tanto más fácil cuanto se ha relacionado con la raza humana. Os acordaréis de que los habitantes de Gales no querían someterse al rey de Inglaterra, deseando un príncipe nacido en su propia tierra; por lo que el conquistador inglés les presentó a su hijo nacido en su propio principado y le aceptaron como Príncipe de Gales. Dios es nuestro supremo Gobernador y Rey; pero para que amemos su reinado ha ungido Rey al Hijo unigénito, al Hijo del hombre, a Jesucristo, nacido de mujer, constituyéndole Rey de reyes, Señor de señores. ¡Oh! Amadle de todo corazón, ensalzad el nombre y honrad al Dios humanado, a Emmanuel. Por ser tan sin igual, glorioso y lleno de gracia, someteos a él y servidle con alegría y regocijo.

Os sea notorio también que Jesús, el Dios Salvador, debe ser entronizado cual Señor en las almas de sus redimidos. Si confías en Él debes obedecerle, so pena de ser pura hipocresía tu confianza. Si confiamos en el médico, seguimos sus consejos; si confiamos en el guía seguimos sus huellas, y si confiamos en Cristo obedecemos sus mandatos. La fe que salva produce cambio de vida y somete al creyente a la obediencia del Señor. No te hagas ilusiones; donde entra Jesús entra para reinar. Sin someterte a su voluntad y palabra no te ofrece asilo su obra redentora. La embarcación se salva de la destrucción contra las rocas por hallarse sometida a la voluntad del piloto; si no fuese así, no la salvaría la mejor máquina de a bordo ni el mejor timón. Es absolutamente justo y natural que quien nos redimió, nos buscó, nos halló, nos salvó y nos conserva vivos, cuente con nuestra lealtad y sumisión; y ciertamente así debe ser, pues si no, jamás habrá paz posible entre nosotros y Dios.

Y, finalmente, permitidme declararos que no os presento como asunto de elección si queréis o no someteros a la voluntad de Dios y buscar la reconciliación y paz; sino en el nombre del que vive y estuvo muerto y vive para siempre y tiene las llaves del infierno y de la muerte, digo, en su nombre, os demando la sumisión y que le recibáis como el Cristo de Dios. ¿Rechazáis la oferta que os proclamo en este día? Si así lo hacéis, tened cuidado, pues tan cierto como Dios vive, responderéis por ello en el día de su manifestación. «He aquí que viene con las nubes y todo ojo le verá»; y los que le crucificaron y vosotros que le rechazasteis seréis juzgados por Él mismo. Repito, pues, no vengo a lisonjear, alegar o a engañaros; no vengo a pleitear con vosotros como si mi Señor y Dueño se hallase al nivel vuestro. Os invita de gracia a entregaros, os ordena rendir armas y aceptar su misericordia. No teme vuestra oposición, ni necesita vuestra amistad. Sólo su compasión y gracia le instan a ofreceros la paz. Así condesciende a tratar con rebeldes, que años ha pudiera haber consumido con

una sola de sus palabras. Si le rechazáis, daréis cuenta
de ello. Sobre vuestra cabeza caerá vuestra propia sangre; y en el día que pasen el cielo y la tierra quedaréis
desterrados de su presencia para sufrir la ira de Dios,
sin refugio, sin defensa y sin excusa. Conceda Dios en
su misericordia que ni uno de vosotros se le oponga,
sino que esta misma noche, antes de que salga de nuevo el sol, se establezca entre vosotros y Dios la paz sobre bases firmes, pues «Cristo es nuestra paz». Acep-
tadle como a tal, confiad en Él y reconciliaos así con
Dios, y suya sea la gloria para siempre jamás. Amén y
amén.

Capítulo 5

EL JARDÍN DE DIOS

(Juan 20:15)

Hace justamenta quince días me hallaba a esta hora en un magnífico jardín, rodeado de flores de las más bellas y plantas de las más raras.[1] Palmeras y plátanos, rosales y camelias, naranjos y lilas, espliego y heliotropo se mezclaban alrededor de mí en profusión exuberante. Resguardado del ardor del sol a la sombra de un olivo, contemplaba admirado el espectáculo encantador. mis ojos se extendía un mar hermosísimo y perfumado, de brillantes colores. «Seguramente —pensé— el jardinero que plantó, cuidó y crió este hermoso rincón, merece elogios.» Luego se me ocurrió que tenía a la vista una parábola viviente, y meditando en ella, comparaba, mentalmente, la Iglesia de Dios con un jardín bajo el cuidado del Señor Jesús. Traté de imaginar semejante jardín y me lo figuraba como un verdadero paraíso en donde florecía todo lo que es bello y bueno, y de

1. Por motivos de salud, el pastor Spurgeon se había visto obligado a descansar algunos meses en Menton, Francia.

donde era excluido todo lo malo. «Si un sencillo obrero —pensé— ha podido producir tanta belleza como la que tengo ante mis ojos, incomparablemente mayor debe ser la gloriosa hermosura que resulta del trabajo del Jardinero divino.» ¿Sabéis, hermanos míos, de quién os voy a hablar? Del Hijo de Dios, bendito por los siglos, de aquel que María Magdalena pensaba ser el hortelano. Aunque su suposición resultó infundada, voy a tomarla por texto de nuestra meditación. Pero al adoptar el error de una mujer, nótese bien que quedamos con la absoluta verdad; pues si María Magdalena se equivocó al tomar a Jesús por hortelano del lugar en que había sido sepultado, nosotros no nos equivocaremos si, alumbrados por el Espíritu Santo, meditamos en los cuidados que nuestro Señor Jesucristo prodiga al jardín que es su Iglesia.

En este sentido, la suposición de nuestro texto resulta perfectamente natural y bíblica. ¿No somos todos nosotros plantas que plantó la diestra de Jehová? (Salmo 80:15). ¿No hemos menester ser cultivados y regados por su mano paternal? El bello cántico de Isaías (cap. 5) tiene también su aplicación a nosotros.

«Tenía mi amado una viña en un recuesto, lugar fértil. Habíala cercado, y despedregádola, y plantádola de vides escogidas.» Aún más; nuestro Señor, en otro pasaje de la Escritura está designado por estas palabras: «Tú, la que moras en los huertos» (Cantares 8:13). Y, ¿por qué mora allí? Para cuidar las plantas; para ver «si brotan las vides, si se abre el cierne. Si han florecido los granados» (Cantares 7:12). También para ahuyentar las bestias feroces y dañinas.

Pero aún más. El Señor Jesús se representa a sí mismo como el viñero. Leed la parábola de la higuera estéril, tan llena de solemnes enseñanzas (Lucas 13:6). Cuando el padre de familia vino a buscar fruto en ella, y no halló, dijo al viñero: «Córtala; ¿por qué ocupará aún la tierra?» Pues bien, ¿quién es el que se pone entre el hacha y el árbol inútil sino nuestro gran Mediador e Intercesor? Él es quien le responde: «Señor, déjala aún este año, hasta que la excave, y estercole.» Luego si el Señor Jesús se sirvió de una comparación análoga, me parece que nosotros no haríamos mal si lo consideráramos hoy como el Jardinero.

Si quisiéramos apoyar nuestra suposición en la historia bíblica, podríamos decir que nuestro Señor es llamado «el segundo hombre» y «el último Adán». El primer hombre, Adán, cultivaba un jardín. Moisés nos dice que Dios puso al hombre en el Edén para que lo labrara y lo guardase (Gén. 2:15).

En el estado primitivo, el hombre debía vivir, no en un paraíso de indolencia, sino en un huerto en donde su trabajo sería bien recompensado. La Iglesia es el Edén de Cristo; un Edén regado por el río de la vida y de tal manera fecundizado, que produce abundante fruto para la gloria de Dios. El último Adán anda continuamente por este Edén espiritual, cuidándolo y guardándole. Veis, pues, mis amados ayentes, que, lejos de ser artificiosa, nuestra suposición se conforma perfectamente con la naturaleza y con las Sagradas Escrituras. Por tanto, es legítimo considerar a nuestro adorable Salvador en carácter de Jardinero de la Iglesia. Es lo que hice yo hace quince días en mis meditaciones; y ahora vengo a ofreceros algunas de mis ideas, esperando que os sean provechosas. Por supuesto, no trataré de estudiar semejante asunto bajo todos sus aspectos. Es una mina inagotable. Me limitaré a señalaros algunos ricos filones de donde vosotros podréis sacar tesoros de instrucción y de edificación.

I

Pues bien, si Jesús es el Jardinero, se explican muchas cuestiones relativas a la Iglesia. La mayor de estas cuestiones es, a mi juicio, la misma existencia de la Iglesia. ¿No es verdadera maravilla hallarse semejante jardín en medio del desierto de este mundo? Sobre una roca desnuda y árida, el Señor hizo surgir el Edén de su Iglesia. ¿Cómo puede existir un oasis de vida en un desierto de muerte? ¿Cómo puede la fe subsistir en medio de la incredulidad, la esperanza en medio de la desesperación, el amor en medio del odio? «Sabemos que somos de Dios, y todo el mundo está puesto en maldad» (1 Juan 5:19). ¿Por qué somos nosotros de Dios mientras los que nos rodean son del diablo? ¿Cómo se explica que haya un pueblo de Dios, separado del mundo, santificado y preparado para las buenas obras? Seguramente ningún hombre hubiera podido realizar tal prodigio. Pero sabiendo que Jesús es el Jardinero, el misterio se explica. Ahora comprendemos la existencia de la Iglesia que antes parecía incomprensible. Jesús puede hacer florecer el desierto; puede hacer crecer haya en lugar de la zarza, y arrayán en lugar de la ortiga (Isaías 55:13); sólo Él lo puede hacer.

El jardín del cual os hablé hace un momento reposa sobre una peña que domina el mar, y casi toda la tierra fue transportada con mucho trabajo desde la playa. Así se formó un suelo fértil. Aquel jardín es, pues, artificial; debe su existencia a la inteligencia y al trabajo del obrero que emprendió una obra tan difícil. Lo mismo se puede decir respecto a la Iglesia de Dios, que fue creada por el Señor Jesús, el autor y consumador de nuestra fe. A duras penas, con sus manos perforadas, y a costa de muchos trabajos, Él preparó el suelo y creó el jardín. Flores y arbustos han sido regados con su sudor de sangre y con sus lágrimas. La señal de los clavos en sus manos y la herida en el costado testifican cuánto le costó el crear este nuevo Edén. Él dio su vida para hacer vivir todas las plantas que se hallan en su jardín espiritual.

Pero hay otra cosa que me sorprende. ¿Cómo puede la Iglesia de Dios adaptarse al clima de la tierra? Este siglo presente es desesperadamente malo y esencialmente enemigo de Dios, de suerte que la Iglesia, por sí misma, sería incapaz de resistir a las funestas influencias del mundo. Por otra parte, debe admitirse que la Iglesia tiene en sí muchos elementos mórbidos, así como un jardín oculta en el suelo la semilla de muchas malas hierbas. La mejor comunidad de cristianos que existe en este mundo, pronto se volvería mundana y apóstata si el Espíritu de Dios fuese retirado de ella. El mundo jamás ayudó a la Iglesia; está siempre dispuesto a perseguirla y a menudo ha empleado la violencia contra ella. Ni la atmósfera ni el suelo de este mundo favorecen el desarrollo del jardín de Dios. ¿Cómo sucede, pues, que, no obstante todo esto, el jardín está lleno de hierbas aromáticas, de plantas vigorosas, de brillantes y perfumadas flores? La conservación y desarrollo de la Iglesia sólo se explican por el hecho de que Jesús es el Jardinero. Ha sido menester la omnipotencia y la sabiduría eternas para mantener a través de los siglos un pueblo santo en medio de la humanidad corrompida. Escuchad, hermanos míos, lo que dice el mismo Jehová: «Yo Jehová la guardo, cada momento la regaré; la guardaré de noche y de día, porque nadie la visite» (Isaías 27:3). He aquí el secreto de la existencia y del crecimiento constante de una gran familia espiritual, en medio de una generación maligna y perversa. Es la elección de gracia obrando en medio de la iniquidad y de la incredulidad del mundo. Si Jesús es el Jardinero, es fácil comprender cómo la Iglesia prospera, aun estando rodeada de los arenales del pecado.

La suposición de mi texto resuelve otro problema no menos difícil que los anteriores: *¿Por qué nos hallamos, tú y yo, entre las plantes que el Señor cultiva?* ¿Por qué nos es permitido creer en el jardín de su gracia? ¿Por qué, oh Señor, me escogiste a mí en lugar de algún otro? ¿Por qué me has preservado, no obstante mi esterilidad? Con toda justicia, el Señor hubiera podido pronunciar contra mí la sentencia: «Córtalo; ¿porqué ocupará aún la tierra?» Hermanos míos, ¿quién sino Jesús nos hubiera soportado tanto tiempo? ¿Quién sino Jesús hubiera mostrado una paciencia tan perseverante? Cuando lo rechazamos, ¿quién sino Él nos hubiera renovado día tras día las pruebas de un amor sin límite? ¿Qué más había de hacer a su viña? ¿Quién hubiera hecho tanto como Él hizo? Uno de nuestros semejantes se hubiera ofendido mil veces de nuestra ingratitud y se hubiera arrepentido de su bondad para con nosotros. Sólo Dios, lo repito, puede soportar gente tan perversa como lo somos nosotros. Es un verdadero prodigio el que no hayamos sido separados de la vid, como los pámpanos inútiles. Por mi parte, si no creyera firmemente que Jesús es el Jardinero, no sabría explicarme este fenómeno. Pero Jesús es sumamente compasivo. Es sólo como último recurso que emplea la podadera y el hacha; y al ver brotar aunque sean dos o tres pimpollos, o tal vez algún fruto muy imperfecto, le place ver en ello la promesa de mejores cosas. ¡Paciencia infinita! ¡Longanimidad sin límite! Si aún ocupamos la tierra, seguro que es sencillamente porque el Jardinero celestial no es otro que aquel que es manso y humilde de corazón.

Si se trata de nuestra propia Iglesia, de esta Iglesia que ahora está reunida delante de mí, ¿quién no se maravilla de los especiales favores que le han sido otorgados? Desde que estamos juntos, yo como vuestro pastor y vosotros como mi rebaño, ¿no es cierto que hemos gozado de prosperidad sin interrupción, creciendo continuamente en la obra del Señor? Hemos visto a muchas otras iglesias, tan prometedoras como la nuestra, divididas por la discordia, debilitadas por las defecciones, deshechas por la herejía. No nos toca a nosotros juzgarlas con severidad; pero debemos manifestar la más profunda gratitud por haber sido preservados de los males que les alcanzaron a ellas. En verdad, no comprendo cómo hemos podido permanecer unidos en amor, ni cómo hemos podido abundar en la obra del Señor y permanecer firmes en la fe. Nuestros defectos y nuestras miserias son muchos; no tenemos motivo de gloriarnos en nosotros mismos; sin embargo, ninguna sección de la iglesia, ningún rincón del jardín de Dios ha sido más favorecido que el nuestro. ¿En dónde buscar la causa de esta prosperidad prolongada? Seguro es que no se hallará en vuestro pastor; y por admirables que sean vuestro fervor y vuestro amor cristiano, me atrevo a decir que no se hallará en vosotros. Para resolver el problema es necesario admitir la suposición de mi texto. Si Jesús es el Jardinero, no cabe duda: Él es quien nos ha amparado. En presencia del peligro, Él mismo cerró el portón que yo, tal vez, había dejado abierto. De noche, Él es quien rechazó las bestias del campo en el momento en que saltaban el seto para devorar las tiernas plantas; Él es quien alejó a los ladrones y malhechores. Y durante el calor del día, también estaba alerta para guardar de los fuertes ardores del sol a los que entre vosotros gozan de mucha prosperidad temporal. Sí; Jesús ha estado con nosotros. Alabado sea Él por su bondad. De su divina presencia nacen esta paz, esta unión, este santo entusiasmo que reinan entre nosotros. Quiera Dios que jamás sea contristado, ni obligado a retirarnos su protección el buen Maestro. Sea nuestra constante oración: «Está con nosotros, oh Jesús; tú que moras en los huertos, danos tu tierna solicitud, hasta que las sombras se desvanezcan y amanezca el día de la eternidad.»

Pero si la suposición de mi texto resuelve muchos problemas de otro modo insolubles, ella nos impone también ciertos deberes.

Uno de los primeros deberes del cristiano es la alegría. Debe ser buena la religión que, entre otros preceptos, manda al hombre que esté gozoso. Cuando la alegría se convierte en deber, ¿quién quisiera descuidarla? Por otra parte, cada planta del jardín de Dios, ¿no cantará de alegría sabiendo que la cuida el mismo Señor Jesús?

«Pero —dice uno— soy tan frágil e insignificante. No he crecido casi nada. Mi follaje no es lo que debiera ser, y mis flores, por desgracia, son muy escasas.» Bien haces, hermano mío, en no tener muy alto concepto de ti mismo. Puede ser que tu humildad sea la mayor de tus virtudes. Muchas flores perderían la mitad de su gracia si no se inclinaran con modestia hacia el sol. Pero si Jesús es el Jardinero, tendrá tanto cuidado de ti, pequeña y humilde planta, como de la palmera majestuosa que se ve de lejos. En el jardín de que os hablaba hace un momento crecían naranjos, cactus y otros árboles que llamaban la atención. Pero al lado de ellos se hallaban alelíes, saxífragos y helechos. El mismo jardinero los cuidaba a todos con distinción. Entre otras, había centenares de plantas, arregladas en cuadro, muy insignificantes en apariencia, pero todas rotuladas en debida forma. La más pequeña entre ellas hubiera podido decir: «El jardinero tiene tanto cuidado de mí como de las más bellas rosas que adornan el jardín.» No temas, pues, pequeñito: Jesús cuidará de ti. El que viste los lirios del campo, el que alimenta las aves del cielo, ¿cómo podría olvidarte a ti? Creyentes de poca fe, plantas atrasadas del jardín celestial, tened confianza; vosotros habéis de crecer, a pesar de todo. En este momento puede ser que vuestro desarrollo sea más interior que exterior; pues es necesario que las raíces ahonden en el suelo antes que el tronco se eleve hacia el cielo. Hay también ciertos arbustos que permanecen achaparrados durante años. Sea como fuere, debéis estar contentos de que estáis en el jardín del Señor Jesús. No podríais estar en mejores manos.

La idea de que Jesús es el Jardinero debe también incitarnos a buscar su presencia. Al amanecer, debemos rogarle que descienda a su jardín a recoger los frutos. ¿Qué podemos hacer nosotros sin Jesús? ¿Qué puede la Iglesia sin Él? Todos los días debe subir de nuestro corazón esta súplica: «Mira desde el cielo, y considera, y visita esta viña, y la planta que plantó tu diestra» (Salmo 80:14, 15).

Debemos rogarle con insistencia que se manifieste a nuestra alma y a las que componen su Iglesia como no se manifiesta al mundo. ¿Qué sería de una viña sin el cuidado del dueño? ¿Qué diferencia habría entre un barbecho y un jardín, si el dueño no hiciera uso de la azada y la podadera? Si creemos, pues, que Jesús es el Jardinero, debemos buscar su presencia, mayormente cuando su presencia, además de necesaria, se muestra alegría, nuestra delicia. Felices nosotros, cuidando a cada uno con perseverancia y amor. Sin Él, sin su presencia espiritual, seríamos plantas estériles, inútiles, vegetando tristemente en la tierra. No querramos sustituir esta presencia por una religión rutinaria y formalista, un culto que lisonjea los sentidos y exalta la imaginación; pero roguemos a nuestro Maestro que nos conceda siempre su dulce comunión, que trae a nuestra alma prosperidad y vida.

Si cremos que Jesús es el Jardinero, tenemos otro deber que cumplir: *entregarnos del todo a Él*. La planta ignora el tratamiento que le conviene: no sabe cuándo debe ser regada ni cuándo le conviene el sol. Un árbol frutal no sabe en qué momento debe ser podado y abonado. Es al jardinero, y no a las plantas, que corresponde la administración de lo que conviene al jardín. Luego, si se oculta en nosotros un residuo de nuestra propia voluntad, de la sabiduría que es «terrena y carnal», debemos renunciar a ello sin demora, para que estemos sometidos a la disposición de nuestro Maestro. Podrías vacilar, hermano, y con razón, antes de entregarte a la voluntad de uno de tus semejantes, aunque fuese el mejor de los hombres; pero, seguramente, tú, que fuiste plantado por la mano del Señor, puedes entregarte con confianza en sus manos misericordiosas. Puedes decirle: «Señor, renuncio a mis deseos, a mi voluntad propia; me abandono a tu voluntad. Por mí mismo no soy nada; tú eres mi fuerza, mi sabiduría, mi todo. Esta planta débil se humilla bajo tu mano poderosa; hágase en mí tu buena voluntad.»

Tal espíritu de sumisión absoluta a la voluntad divina es la mejor garantía de bendición; y no nos será penoso mostrar semejante disposición si estamos persuadidos de que Jesús es el Jardinero de su Iglesia. ¿Puede un fiel discípulo criticar lo que hace su Maestro? Pobre hermano afligido, es el Señor quien te disciplina. ¿Quisieras tú que fuese de otra manera? ¿No sientes agradecimiento por la misma prueba, enviada por el que es amor y que se ocupa de todos los pormenores de tu vida?

Podría mencionar muchos otros deberes que nacen de la suposición de mi texto; me limitaré a citar a uno solamente.

Si creemos sinceramente que Jesús es el Jardinero, *debemos esforzarnos por llevar mucho fruto para nuestra gloria.* No me dirijo ahora a los indiferentes. Creo que mis oyentes, en la mayor parte, deseáis glorificar a Dios y que, salvados por gracia, tenéis la santa ambición de anunciar las virtudes de aquel que os llamó de las tinieblas a su luz admirable (1 Pedro 2:9).

Vuestro anhelo es llevar las almas a Cristo (¿no es cierto?), pues vosotros mismos habéis hallado en Él la vida y la libertad. El conocimiento de que Jesús es el Jardinero debe estimular vuestro celo. Si hasta ahora habéis llevado sólo un racimo, debéis, en adelante, llevar veinte o cien. Esforzaos para honrar a vuestro Maestro. Si vuestro vigor espiritual fuese atribuido a vuestro pastor, o a vuestros hermanos en Cristo, o a vosotros mismos, podríais no sentir ninguna obligación de llevar mucho fruto; pero siendo Jesús el Jardinero, sobre Él recaerá la culpa o el honor, según el caso. Que todas vuestras facultades y talentos sean consagrados al servicio del Señor Jesús, para que sepa el mundo que Él no sufrió ni murió en vano. Con atenciones tan esmeradas y constantes como las suyas, todas las plantas del jardín de Dios deben prosperar. ¿Qué dicen mis hermanos? Yo os suplico que os guardéis de deshonrar a vuestro Maestro. Los estudiantes reconocen que tienen sagradas obligaciones para con su universidad y procuran contribuir al renombre de los maestros que les dan instrucción. Y nosotros que somos discípulos del Señor Jesús, debemos honrar su nombre y sus divinas enseñanzas. No obstante nuestros defectos, esforcémonos por hacer algo que sea digno de nuestro Maestro divino. Que la menor flor cultivada por Jesús revista los colores más brillantes y exhale los perfumes más exquisitos, para honor del Jardinero celestial. Que todo lo que hay de bueno y hermoso abunde en el jardín de nuestro Dios.

III

Acabamos de ver que la suposición de nuestro texto resuelve muchos problemas y nos impone muchos deberes. Me parece que hace aún más: *Aligera la carga de afanes, de agitaciones y de temores que a menudo oprimen al cristiano.*

He aquí un hombre que ha recibido de Dios una tarea que hacer. Si es concienzudo, se siente a veces aplastado por el sentimiento de la responsabilidad. Al despertar por la mañana, su primer pensamiento será por su obra, y al acostarse de noche se preguntará: «¿Cómo podré trabajar mañana con más éxito?» Su intranquilidad se manifiesta aun en el sueño y se le oye suspirar: «Señor, ruégote que me concedas la prosperidad.» Su trabajo, quizá no prospera; el tiempo no es propio; se queja del fracaso de sus esfuerzos. Si es así contigo, querido hermano, acuérdate que el Señor es el Jardinero y hallarás consolación indecible. En efecto, si Jesús gobierna su jardín, según su voluntad, no me corresponde a mí, pobre aprendiz, mantener el orden. No soy yo responsable por el imperfecto desarrollo de unos, ni por las inconsecuencias de otros; ni por las caídas y los extravíos de los falsos hermanos. Mi espíritu no debe dejarse doblegar bajo semejante carga. Convencido de que Jesucristo es el Jefe supremo de la Iglesia, sé que Él gobierna mucho mejor que yo o cualquier otro mortal, aunque fuese el más activo y el más concienzudo.

Si Jesús es el Jardinero, podemos estar seguros de que al fin todo irá bien. «No se adormecerá ni dormirá el que guarda a Israel» (Salmo 121:4). ¿Para qué, pues, agitarse y afligirse? Hermanos míos, obreros del Señor Jesús, para vosotros es esta palabra de consolación cuando os halláis desanimados. Trabaja fielmente bajo las órdenes del Maestro; pero dejadle a Él toda la responsabilidad de la carga. El sencillo trabajador cuya tarea consiste en cultivar un rinconcito de tierra, no tiene que ocuparse de todo el jardín, como si fuese el encargado de todo. No; él no debe tomar sobre sí una carga tan pesada, y que no tiene obligación de llevar. No debe uno salir nunca de su esfera. Tú, por ejemplo, querido oyente, estás trabajando por ganar a ciertos jóvenes, y estás velando por ellos como quien tiene

80

que dar cuenta a Dios. Perfectamente bien; pero acuérdate que la preservación y la salvación de esas almas están encargadas a manos infinitamente más potentes y cariñosas que las tuyas. Acuérdate que el Señor es el Jardinero, y tu agitación cesará. Se relata que cierto hombre de Dios que vivía en una época muy turbada de nuestra historia, de tal modo tomó a pecho el mal que dominaba el país, que llegó a incapacitarse para su trabajo. Abatido y desanimado, y no pudiendo sufrir por más tiempo la vista de tantos males, resolvió expatriarse. Estando a punto de embarcarse se ve con un amigo, quien le pregunta: «¿Eres tú, pues, el encargado del gobierno del mundo?» No; el pobre hombre jamás había tenido tal pretensión. «¿No crees que Dios ha tenido motivos de fastidiarse del mundo antes de tu nacimiento, y que todavía los tendrá después de tu muerte?» Esta sencilla pregunta hizo reflexionar al hombre de Dios y comprendió que no tenía razón de afligirse sobremanera. Se quedó en su tierra y de nuevo comenzó a trabajar por el Señor. Vosotros también, mis hermanos, debéis conocer el límite de vuestra responsabilidad. No sois vosotros el Jardinero; sois sus ayudantes, sus subalternos, llamados a ejecutar sus órdenes. Aunque no seáis los encargados de la administración del jardín de Dios, estad seguros de que será conservado en buen estado.

Además de librarnos de nuestras congojas, la suposición de mi texto *hace que el servicio de Cristo sea dulce y fácil.* Si el resultado de nuestro trabajo no está en relación con los sacrificios, podemos decir: «Después de todo, estoy trabajando en el jardín del Señor y no en el mío. Ya que mi Salvador es el Jardinero, estoy dispuesto a trabajar el terreno más duro, sembrar en el suelo más árido, enderezar los árboles más torcidos y secos. Ninguna tarea me parecerá penosa, si la emprendo por amor del Señor. No me toca preguntar por qué tal trabajo me es asignado; mi deber es emprenderlo resueltamente en nombre de mi Señor y Maestro.»

En el trato con nuestros semejantes, tropezamos a menudo con casos sumamente difíciles. Algunas personas son tan tímidas y temerosas que no sabemos cómo infundirles valor; otras son tan jactanciosas y presuntuosas que no sabemos cómo abatirlas. Uno es tan callado que no lo podemos comprender; otro es tan locuaz que no lo sabemos manejar. En el sentido figurado, como en el literal, hay plantas que confunden al jardinero poco experimentado. Las hay, por ejemplo, cubiertas de espinas que pinchan la mano que las cuida. Estas naturalezas extravagantes os causarían perplejidad si fueseis encargados de cultivarlas; pero ya que el jardín de Dios está bajo la dirección de Jesús, tenéis siempre el recurso de someter a Él vuestras dificultades, diciéndole: «Buen Maestro, vengo a buscar consejo. No comprendo a tal persona. Es tan rara en su especie, como lo era yo en la mía. ¿Quieres ocuparte de ella, o enseñarme de qué manera puedo yo serle útil?»

Los siervos de Dios a menudo están turbados porque *hay tantas plantas que necesitan atención.* No pueden atender a ninguna como quisieran, porque al mismo tiempo otras veinte reclaman cuidado. Estos cuidados múltiples les ponen en aprieto, y exclaman, como el apóstol Pablo: «Estoy puesto en estrecho todos los días por la solicitud de todas las iglesias.» Dichosos somos al recordar que Jesús es el Jardinero, y que Él suplirá las faltas de nuestro ministerio realizando lo que nosotros no pudimos conseguir.

En la Iglesia de Cristo *hay una disciplina que ninguna mano humana sabe ejercer.* Nada hay más humillante para un ministro del Evangelio que el sentirse impotente y desarmado cuando siente que debe proceder con vigor. Los siervos del padre de la familia (en la parábola de Mateo 13:27) deseaban arrancarle la cizaña. «Señor, ¿no sembraste buena simiente en tu campo?

¿De dónde, pues, tiene cizaña?» «Un hombre enemigo ha hecho esto», responde el padre de familia. «¿Quieres, pues, que vayamos y la cojamos?» «No; porque cogiendo la cizaña, no arranquéis también con ella el trigo.» Hermanos míos, nosotros también sentimos el no poder arrancar del campo que Dios nos ha confiado las malas y venenosas hierbas. Sin embargo, si creemos que Jesús es el Jardinero, y si Él permite crecer la cizaña, ¿qué podemos nosotros hacer, sino tranquilizar nuestro corazón? El Señor sabe usar de una disciplina más severa y más eficaz que la nuestra, y al tiempo debido la cizaña será atada en manojos y quemada. Entretanto, en nuestra paciencia poseeremos nuestra alma.

Otra cosa que con frecuencia inquieta al cristiano es ésta: *¿Cómo han de llenarse los vacíos que deja la muerte cada día en el jardín de Dios?* Toda planta está desitnado a morir y debe ser reemplazada por otra, o si no, pronto el jardín quedaría desierto. La dificultad consiste en hallar plantas nuevas para reemplazar las viejas. «Cuando este buen hombre muera, ¿quién tomará su lugar?» Es una pregunta que oigo con frecuencia y que me tiene disgustado. «¿Quién será el sucesor de fulano?», me preguntáis. Antes de decidir, debemos esperar hasta que necesite sucesor. Nadie pretende disponer del vestido de un hombre sino cuando su dueño ya no lo puede llevar. Por otra parte, ¿para qué suponer que cuando los cristianos de la época presente hayan desaparecido no se hallará nadie que sea digno de desatar la correa de sus zapatos? Por mi parte, estoy muy tranquilo acerca de este punto; pues, si Jesús es el Jardinero, es seguro que Él tiene en reserva plantas nuevas, desconocidas tal vez de nosotros, que llenarán las vacantes. He aquí lo que considero yo la verdadera sucesión apostólica: y el Señor sabrá mantener esta sucesión hasta que Él venga otra vez. Sí, queridos amigos; en las horas más sombrías, cuando el corazón desfallece y el espíritu desmaya, cuando la Iglesia de Dios está en graves peligros, apoderémonos de las palabras de nuestro texto; acordémonos de que Jesús es el jefe supremo de la Iglesia, y esperemos para mañana mejores cosas que las de hoy. A nosotros la situación nos parece, tal vez, desesperada, mas para el Señor nada es difícil: Él nunca está en la perplejidad; por tanto, nosotros debemos tener esperanza y tranquilidad.

Cierto día, yo paseaba en el bello jardín mencionado y llegué a un paraje cubierto de hojas secas y ramas cortadas. El camino estaba sembrado de piedras, los cuadros desechos y las raíces de algunas plantas a la vista. ¿Quién había hecho tanto estrago? ¿Sería algún animal o muchacho travieso? «¡Qué lástima!», pensaba yo. Pero de repente apareció el jardinero y en seguida comprendí que él era el autor del desorden aparente. Él había cortado y mondado, cavado y trasplantado, trastornándolo, pero en beneficio del jardín, ya se sabe. Hermanos míos, esto es precisamente lo que sucede con frecuencia en el jardín de Dios. Puede ser que algunos de vosotros hayan sido duramente castigados en los últimos tiempos. Vuestros negocios no han prosperado; habéis sido entristecidos por los escándalos en la Iglesia, que tuvieron por resultado la poda de algunas ramas estériles y gangrenadas. Pero si es el Señor quien maneja la podadera, todo va bien; nuestra tristeza, nuestros temores, nuestras dudas, no tienen razón de ser.

Otro pensamiento muy consolador se me ocurre, meditando en nuestro texto. Si Jesús es el Jardinero, estamos seguros de que *Satanás será estorbado.* Cuando Adán cultivaba el jardín del Edén, permitió a la serpiente introducirse con astucia y entablar con Eva una conversación que fue la causa de la caída; pero ahora, Jesús, el último Adán, es el dueño del jardín y ¡ay de ti!, serpiente antigua. Por poco que quieras causar daño a las plantas del Señor, tu cabeza será aplastada. Si, pues, tememos que Satanás se meta en nuestra Iglesia, roguemos al Señor que «no dé lugar al Diablo», sino que su Espíritu llene nuestro corazón de tal modo que el adversario no pueda penetrar allí. Lo mismo que en nuestros jardines, pueden introducirse clandestinamente en nuestras iglesias, además de la serpiente, muchas otras clases de bichos dañinos. ¿Cómo defenderlas del enemigo? El muro más alto no las proteje, ni mano humana puede defenderlas. Pero escuchad lo que está escrito: «Increparé también por vosotros al devorador, y no os corromperá el fruto de la tierra; ni vuestra vid en el campo abortará, dice Jehová de los ejércitos» (Malaquías 3:11). A veces también nos preguntamos con ansiedad si alguna «raíz de amargura, brotando» no puede dañar nuestra iglesia, y por ella muchos sean contaminados» (Hebreos 12:15). Todos somos criaturas tan frágiles que tan gran desgracia no sería imposible. Un hermano puede permitir que una semilla de ojeriza germine en su alma; una hermana puede ocultar en su corazón el germen de la envidia; y como las malas hierbas se propagan con mucha facilidad, resultaría que todos los miembros de la iglesia serían pronto contaminados por sentimientos tan amargos como la ruda o el ajenjo. ¿Quién puede impedir que tal cosa suceda? Nadie sino Jesús, por su Espíritu Santo. Sólo Él, el divino Jardinero, puede arrancar las plantas perjudiciales. En la presencia de Jesús, los gérmenes venenosos no brotan. ¡Oh, Señor! ¡Habita con y en nosotros! ¡Habita siempre en tu Iglesia! ¡No te alejes de nuestra alma, y entonces ninguna raíz de amargura nos impedirá!

Aún otro temor nos domina a veces. *¿Qué sucedería si las aguas vivas del Espíritu Santo cesaron de regar el jardín?* Nosotros no podemos hacerlas manar, pues el Espíritu es soberano, y sopla donde quiere. Pero, si Jesús es el Jardinero, estamos seguros de que el suelo será debidamente regado y fertilizado. Según su promesa, Él derramará aguas sobre el secadal, y ríos sobre la *tierra árida*: mi espíritu derramaré sobre tu generación, y mi bendición sobre tus renuevos: Y brotarán entre hierba, como sauces junto a las riberas de las aguas» (Isaías 44:3).

Pero, ¿y si el sol de su amor se escondiera de su Iglesia? ¿Si los frutos no llegaran a la madurez? ¿Si la paz y la alegría se alejasen de nuestro corazón? ¡Pobres incrédulos es lo que somos! ¿Cómo pueden tales suposiciones nacer en nuestra mente? El semblante de Jesús es como el sol; Él trae la salud con sus miradas; Él derrama su calor vivificante; emanaciones salutíferas que hacen madurar todas las virtudes cristianas en el alma de los fieles. En este último día del año quiero desembarazarme de todas mis cuitas y ansiedades, y os invito a seguir mi ejemplo, mis queridos amigos. La causa de Cristo nada tiene que temer, puesto que Él mismo es quien la defiende. «No se cansará, ni desmayará, hasta que ponga en la tierra el juicio» (Isaías 42:4).

IV

Hallo también en mi texto una amonestación para los indiferentes. Entre los numerosos oyentes reunidos en esta casa de culto, hay algunos, sin duda, que son para la Iglesia lo que las malas hierbas son para un jardín. No fueron plantados por la mano de Dios; no han crecido bajo su protección y no llevan fruto para su gloria. Querido oyente, a menudo he procurado impresionarte, mas no lo he logrado. ¡Ten cuidado! Pues algún día, el Jardinero te alcanzará y aprenderás a duro coste lo que significan estas palabras: «Toda planta que no plantó mi Padre celestial, será desarraigada» (Mateo 15:14). Te ruego, pues, ten cuidado de tu alma.

Entre nosotros hay algunos que se asemejan a los sarmientos que no llevan fruto. Repetidas veces les hemos amonestado, hablándoles con mucha franqueza y sinceridad. Sin embargo, no hemos podido tocar sus corazones. Pero lo que nosotros no hemos logrado, otro plirá la palabra que Él mismo pronunció: «Todo pámpano que en mí no lleva fruto, le quitará» (Juan 15:2). Quiera Dios que hoy mismo, antes que se termine el año, seas convertido sinceramente, de suerte que la mala hierba sea transformada en hermosa flor, y la rama seca en sarmiento lleno de savia y cargado de fruto. Si se halla en este recinto uno cuyo corazón está alejado de Dios, le ruego que no menosprecie la amonestación. No piense el tal que puede ocultarse de los ojos penetrantes del celestial Jardinro, ni de su mano omnipotente. Así como Jesús «aventará su era, y quemará la paja en fuego que nunca se apagará», de la misma manera limpiará su jardín arrancando de él toda planta inútil.

V

Por fin, de mi texto se deduce una lección de sumisión para la gran familia de los afligidos. Unos sufren enfermedades que entristecen al espíritu y hacen desfallecer el corazón. Otros han sufrido pérdidas materiales; sus negocios no andan bien; han tenido que soportar duras privaciones. Hermanos míos, ¿sois tentados a murmurar contra el Señor? ¡Oh, no lo hagáis, os lo ruego! Recordad la suposición de mi texto, y vuestras quejas morirán en vuestros labios. El Señor, no lo niego, ha usado de severidad con vosotros; ha cortado vuestras ramas más bellas, y parece que su podadera os atormenta por placer. Pero si creéis que Jesús es el Jardinero, ¿no creeréis también que vuestras pruebas son permitidas por Él?, ¿que su mano es la que os castiga? ¿Cómo podéis murmurar? Ya que el Señor lo ha hecho, poned la mano sobre la boca y guardad silencio hasta que podáis decir del fondo del corazón: «El Señor me lo dio; el Señor me lo quitó; bendito sea el nombre del Señor.» Hermanos míos, estoy persuadido de que todos los actos de nuestro Señor son inspirados por el amor a sus criaturas; que ninguna de ellas pueda decir con razón que ha sido castigada con demasiada severidad; que ningún sarmiento de la verdadera vid pueda decir con verdad que ha sido podado con hoja cortante. No; lo que el Señor ha hecho es exactamente lo que se debía de hacer, exactamente lo que nosotros hubiésemos hecho si tuviéramos sabiduría y amor infinitos. Afuera con las quejas, pues, y con alegre sumisión diremos: «Es el Señor; que haga lo que bien le pareciere.»

Deseo particularmente dirigir algunas palabras de condolencia a los que están de duelo. Apenas puedo expresar, queridos oyentes, la emoción que siento. Hace quince días estaba sentado con un amigo en el hermoso jardín mencionado en este discurso. Estábamos los dos llenos de salud y platicábamos de la bondad y la misericordia del Señor para con nosotros. Apenas habíamos vuelto a nuestro país y entrado en nuestros hogares cuando yo fui acometido de una cruel enfermedad, mientras mi amigo, mucho más afligido que yo, tuvo la desgracia de perder la querida compañera de su vida. Estando juntos en el jardín meditando en la Palabra de Dios habíamos dicho: «¡Qué dichosos somos! ¿Podemos esperar que tal felicidad dure mucho tiempo?» Pero lejos estaba yo de prever la profunda aflicción que tan pronto alcanzaría a mi amigo. No pude adivinar que dentro de tan poco tiempo sería llamado a decirle: «Mi querido hermano, el Señor te ha hecho bajar a las profundidades, a los abismos del dolor. La compañera que era la delicia de tus ojos te ha sido arrebatada. Lloro contigo, pero también te traigo la consolación: Jesús la quería también. La más bella flor del jardín ha desaparecido. El Jardinero pasó por allí y la recogió. Él la había plantado y regado; Él la rodeaba de su tierna solicitud, y ahora que ella había alcanzado su perfecto desarrollo, la llevó para adorno de su morada. Nada más natural. ¿Tiene alguien motivo de afligirse? No; sequemos nuestras lágrimas. El Maestro tiene derecho a hacer lo que le plazca; aún más: es perfectamente natural que escoja lo mejor del jardín. Dolorosa es la pérdida de tu bien amada; pero acuérdate, hermano mío, que Jesús es el Jardinero, y besa la mano que desgarra tu corazón.» Por lo demás, queridos amigos, no olvidemos que de un día a otro, Jesús puede descender de nuevo a su jardín y coger flores que nos son muy caras. ¿Nos quejaremos si lo hace? Dios no lo permita. Estas flores son suyas y no nuestras; y aun cuando pudiéramos hacerlo, ¿quién quisiera impedirle el goce de lo que es suyo?

VI

Una palabra más y terminaré. El texto que meditamos debe llenar de esperanza y de confianza al cristiano. Pues si Jesucristo es el Jardinero, puedo creer que se acerca el día en que reinará una prosperidad sin igual en el jardín que Él cultiva. Puedo esperar que muy pronto no se verá en él ni una flor seca, ni una rama estéril; que los frutos más bellos, los más deliciosos, serán ofrecidos diariamente al Maestro del jardín. En particular, esperemos grandes cosas para nuestra iglesia, y pidamos a Dios que nos las conceda. Si solamente tuviéramos fe, veríamos la gloria de Dios, el cumplimiento de sus promesas. Es nuestra incredulidad que detiene la mano del Señor. Esperemos grandes cosas para la extensión del reino de Cristo y no seremos desengañados.

Esperemos grandes cosas para nosotros mismos. Si Jesús es el Jardinero, veremos su cara todos los días. Cuando Adán y Eva moraban en el Edén, ¿qué sucedía? «Jehová Dios se paseaba en el huerto» (Génesis 3:8). Es

a los miembros de la iglesia que nuestro Señor declaró:
«He aquí estoy con vosotros todos los días hasta el
fin del mundo.» El Señor nos visita día por día, lleno
de amor y de poder. Él nos hablará, se manifestará a
nuestro corazón, nos colmará de la plenitud de su gracia. ¡Oh, qué gozo indecible!

Mas esto no es todo. Vendrá el día en que el divino
Jardinero transportará el jardín entero a mejor clima,
cerca de sí mismo. El día vendrá en que la Iglesia será
arrebatada al cielo como Jesús fue recibido arriba. Espero con toda confianza el trasplante de todas las plantas que Jesús ha cultivado aquí en este mundo. Ellas
irán a florecer en una atmósfera más pura, lejos de los
miasmas y las nieblas de la tierra, en las regiones donde el sol nunca se pone, las flores son siempre hermosas y los frutos siempre sabrosos. ¡Oh, amados amigos!
¡Cuál será nuestra fecilidad allí, sobre las colinas eternas! ¿Quién puede describir la magnificencia del jardín que el Señor nos prepara; del jardín en que iremos
creciendo durante los siglos de la eternidad? Lo que
seremos aún no se ha manifestado; «pero sabemos que
cuando Él apareciere, seremos semejantes a Él, porque
lo veremos como Él es» (1 Juan 3:2). Siendo Jesús el autor y el consumador de nuestra fe, ¿a qué perfección,
a qué gloria infinita no nos conducirá? Quiera Dios que
sea ésta la experiencia de cada uno de nosotros. Ser
plantas en el jardín de Dios, objeto de la tierna y constante solicitud de Jesús, ¿qué dicha mayor podemos desear, sea en esta vida, sea en la del porvenir?

Capítulo 6

EL CÁNTICO DE LOS ÁNGELES

*Gloria en las alturas a Dios
y en la tierra paz;
buena voluntad para con los hombres*
(Luc. 2:14)

Los ángeles habían presenciado muchos acontecimientos gloriosos y tomado parte en muchos coros de gran solemnidad alabando a su Creador todopoderoso. Asistieron a la creación: «Cuando las estrellas todas del alba alababan, y se regocijaban todos los hijos de Dios» (Job 38:7).

Vieron formarse la multitud de planetas en la palma de la mano de Jehová y ser lanzados, por esa misma omnipotente mano, al espacio infinito. Habían entonado himnos solemnes sobre numerosos mundos creados por el Todopoderoso. Habían cantado, no lo dudamos, con frecuencia: «La bendición, y la gloria y la sabiduría, y la acción de gracias y la honra y la potencia y la fortaleza, sean a nuestro Dios para siempre jamás» (Apoc. 7:12).

Tampoco dudo que su canto hubiese aumentado en fuerza durante el transcurso de las edades. Así como al ser creados, su primer canto fue un suspiro, al ver a Dios crear nuevos mundos, se añadió a este canto nueva armonía; se fueron elevando en la escala de la adoración. Pero esta vez, al ver a Dios descender de su trono, al Creador hacerse criatura y reposar en el seno de una mujer, elevaron aún más la nota, y llegando al límite de la extensión de la música angélica, entonaron las notas más sublimes de la escala divina de las alabanzas y cantaron: *Gloria a Dios en las alturas*, porque sintieron que a mayor altura no se puede llegar, ni aun la misma bondad divina. Así, el tributo de su alabanza más sublime se rindió al acto más sublime de la divinidad.

Si es verdad que existe diferentes categorías de ángeles, elevándose por grado su magificencia y dignidad, según enseña el apóstol que hay «ángeles, tronos, dominios, principados y potestades», entre estos habitantes benditos del mundo superior e invisible, puedo imaginar que cuando la noticia primero se comunicó a los ángeles en los confines del mundo celeste, cuando miraban desde el cielo y vieron al niño recién nacido, reexpidieron el mensaje al punto de origen de tal milagro, cantando:

> *«Oh, seres celestes del reino de gloria,*
> *Que hoy de los astros recitáis la historia,*
> *Al mundo, veloces, ya todos bajemos,*
> *Al Rey de los reyes, nacido, cantemos.»*

Y conforme iba el mensaje pasando de categoría en categoría, por fin los de la «presencia», que perpetuamente sirven alrededor del trono de Dios, cogieron la melodía y reasumiendo el canto de todos los grados inferiores, sobrepujaron a todos en armoniosa sinfonía de adoración, a lo que prorrumpió todo el ejército: «Alabadle, cielos de los cielos: Gloria a Dios en las alturas.»

¡Ah! No hay mortal capaz de imaginar la magnificencia de aquel canto. Y recuérdese que si los ángeles cantaban antes y cuando el mundo se formó, sus alabanzas salían más llenas, más potentes, más sublimes, si no más cordiales, al ver a Jesucristo nacido de la virgen María, para ser el Redentor del hombre caído: «Gloria a Dios en las alturas.»

La salvación, la mayor gloria de Dios

¿Qué podemos aprender de esta palabra primera del cántico de los ángeles? Naturalmente, se desprende de ésta: que la obra de la salvación constituye la mayor gloria de Dios. Es glorificado por cada gota de rocío que brilla al primer rayo del sol. Es magnificado su nombre en cada flor que abre su corola a la luz, en la copa de los árboles del bosque, aun cuando viva oculta y ostente sus colores fuera de la vista humana y sólo para esparcir su perfume en la ignorada selva. Dios es glorificado por cada pájaro que gorjea en la rama, por cada corderito que salta en la pradera. ¿No le alaban los peces del mar, desde el monstruo hasta el más pequeño pececillo? ¿No le alaba toda la creación, excepto el hombre? ¿No le subliman las estrellas al escribir con letras de oro su santo nombre sobre el lienzo azul de los cielos? Dice el salmista: «Los cielos cuentan la gloria de Dios. Y la expansión denuncia la obra de sus manos. Él un día emite palabras, al *otro* día. Y la *una* noche a la *otra* noche declara sabiduría (Sal. 19:1, 2). ¿No le adoran los relámpagos cuando reflejan su resplandor al volar como saetas de luz, iluminando la oscuridad a media noche? ¿No le proclaman los truenos al retumbar en el espacio, como el redoble de un inmenso tambor, a la marcha de los ejércitos de Dios? ¿No le ensalzan todas las cosas, desde las más pequeñas hasta las más grandes? ¡Canta, canta, universo, hasta agotarse toda tu fuerza; pero jamás nos ofrecerás canto más bello que el cántico de la encarnación! Aun cuando toda la creación sea como un órgano majestuoso de alabanza, no expresará jamás el contenido glorioso del cántico de la encarnación. Hay más en ella que en la creación, más melodía en Jesús, puesto en el pesebre, que en mundos sobre mundos girando en majestad y gloria alrededor del trono del Altísimo.

Parémonos a pensar en ello por un momento. He aquí cómo cada atributo divino se magnifica. ¡Qué *sabiduría*! Dios se hace hombre para que pueda ser justo siendo Justificador del impío. ¡Qué *poder*! Porque, ¿cuándo resulta más grande el poder, que cuando se oculta? ¡Qué poder, el de la divinidad, cuando se despoja de sí misma y se hace carne! ¡Qué *amor*! Es incomparable el que se revela en Jesús hecho hombre. ¡Qué *fidelidad*! ¡Cuántas promesas se cumplen en este día! ¡Qué *gracia*! Y al mismo tiempo, ¡qué *justicia*! Porque en la persona del recién nacido se había de cumplir la ley y en su cuerpo precioso la venganza había de hallar satisfacción por las injurias hechas a la justicia divina. Todos los atributos de Dios estaban maravillosamente velados y revelados. Decidme un atributo de Dios que no esté manifestado en Jesús y no será difícil demostrar que sólo la ignorancia es la causa de no haberlo visto antes. La divinidad entera está glorificada en Cristo, y aunque parte del nombre de Dios está escrito en el universo, se lee con mayor claridad en aquel que fue el Hijo del hombre y sin embargo el Hijo de Dios.

Imaginaos todo el resplandor del sol enfocado en un punto, y no obstante, tan suavemente revelado, que pueda percibirse por el ojo humano; así, el Dios glorioso se ha dignado bajar para que le contemplemos nacido de mujer. Meditémoslo. ¡La misma imagen de Dios en carne mortal! ¡El heredero de todo, acostado en un pesebre! ¡Maravilloso! ¡Gloria a Dios en las alturas! Nunca antes se reveló Dios como ahora se manifiesta en Cristo Jesús.

Una palabra más. Es preciso que aprendamos de esto que si la salvación glorifica a Dios, y le glorifica en grado supremo, haciendo que le gorifiquen las criaturas superiores, se debe recordar que la doctrina que glorifica al hombre, en vez de glorificar a Dios, en la obra de la salvación, no puede ser el Evangelio. Los ángeles cantaron: «Gloria a Dios en las alturas.» No creen ellos doctrina alguna que quite la corona de Cristo colocándola en la frente de los mortales. No creen en teologías que hagan depender de la criatura humana la obra de salvación, concediendo así la gloria al hombre. Hay predicadores que se deleitan en predicar doctrinas que ensalzan al hombre; pero en el Evangelio de éstos no hallan deleite ninguno los ángeles de Dios. Las únicas «buenas nuevas» que hicieron cantar a los ángeles fueron las que ponen a Dios al principio, al centro y al fin, en la obra de la salvación de sus criaturas y dedican la corona sola y exclusivamente al que salva, sin auxilio humano. «Gloria a Dios en las alturas.»

Paz en la tierra

Cantando esto, cantaron lo que nunca habían pronunciado antes. «Gloria a Dios en las alturas» era un cántico muy antiguo. Lo habían cantado desde antes de la fundación del mundo. Pero ahora cantaban lo que podríamos llamar un cántico nuevo, ante el trono de Dios, pues añadieron el verso: «Paz en la tierra.» Esto no lo cantaron en el huerto de Edén aunque allí había paz; pero parecía cosa natural y apenas digna de celebrarse. Más que paz era lo que reinaba allí, pues la gloria de Dios lo inundaba. Pero, a estas horas, el hombre había caído y desde la caída en que un querubín con la espada candente había echado al hombre de allí, no había habido paz en la tierra, salvo en el pecho de algunos creyentes que habían hallado paz en la viva fuente de esta encarnación de Cristo. Las guerras habían devastado la tierra de un extremo a otro. Los hombres se habían degollado mutuamente, a montones. Guerras adentro y guerras afuera. La conciencia había luchado con el hombre; el diablo había atormentado al hombre, sugiriéndole la maldad. Desde la caída de Adán no había habido paz en la tierra. Pero ahora aparecía el Rey recién nacido; sus pañales eran su bandera blanca, la bandera de paz. El pesebre fue el lugar famoso donde se firmó el tratado, según el cual cesaría la guerra entre la conciencia y él mismo, entre la conciencia del hombre y su Dios. Entonces, en aquel día, resonó la trompeta: «Envaina la espada, oh hombre; envaina la espada, oh conciencia, porque ahora están en paz Dios con el hombre, el hombre con su Dios.»

¿No sentís, hermanos, que el Evangelio de Dios os proporciona la paz? ¿Dónde se podrá hallar la paz, fuera del mensaje de Jesús? Anda, moralista; trabaja y sufre por conseguir la paz, pero jamás la hallarás. Acude al Sinaí, tú que confías en el cumplimiento de los mandamientos; contempla las llamas que vio Moisés y tiembla y desespera; porque la paz no se encuentra fuera de aquel de quien aludió el profeta cuando dijo: Un niño nos es nacido... y se llamará su nombre... *Príncipe de Paz.*

Y ¡qué paz, amigos; paz como un río y justicia como las olas del mar! Es la paz que sobrepuja todo entendimiento, que guarda nuestro corazón y nuestro entendimiento en Jesucristo nuestro Señor. Esta paz sacrosanta entre el alma perdonada y Dios el Perdonador, esta maravillosa reconciliación entre el pecador y su juez, esta pacificación es la que cantaron los ángeles al prorrumpir: «Paz en la tierra.»

Mediante nuestro Señor Jesucristo, venido en carne, hay algo de paz en la tierra, pero la paz infinita vendrá. Se levantan voces en contra de la guerra y se rinde testimonio fiel contra este gran crimen. La religión inmaculada de Cristo levanta su escudo de protección sobre los oprimidos y declara detestables ante Dios la tiranía y crueldad. Cualquiera que fuera el abuso y escarnio que se echaran sobre el verdadero ministro de Cristo, no callará en su protesta mientras existan naciones y razas oprimidas que requieran que se abogue en su favor, ni los siervos de Dios, si son fieles al Príncipe de Paz, cesarán de mantener la paz entre los hombres hasta el punto a que alcance su poder. Día vendrá en que este testimonio saldrá triunfante y las naciones no se ensayarán más para la guerra. El Príncipe de Paz quebrará la lanza de guerra sobre la rodilla. Él, el Señor de todos, romperá las saetas del arco, la espada y el escudo, poniendo fin a toda batalla, y lo hará en su propia morada, en Sión, que es más gloriosa y excelente que todas las montañas de caza (Sal. 76:3). Tan cierto como es que Jesús nació en Bethlehem, lo es que todavía hermanará a todos los hombres y establecerá la monarquía universal de paz, de la cual no habrá fin. Así pues, cantemos, si apreciamos la gloria de Dios, porque el Niño recién nacido nos la revela; y cantemos si apreciamos la paz en la tierra, porque ha venido a traérnosla.

Y ahora, a la práctica respecto a la paz. Amigo, ¿no quieres recibir a tu hijo en casa? ¿Te ha ofendido? Hazle entrar. «Paz en la tierra.» Haya paz en tu familia.

Hermano, ¿has hecho voto de no hablarte más con tu hermano— Búscale y dile: «¡Oh, hermano, no se ponga el sol de este día sobre nuestro enojo.» Hazle entrar y dale la mano. Señor comerciante, ¿tienes algún rival contra quien has hablado estos días? Arreglaos hoy o mañana; tan pronto como podáis.

Y si por algo te inquieta la conciencia, si algo te impide que tengas paz, pídele a Dios que lo remueva. Dile: «Oh Dios, conmigo y contigo haz que ya disfrute hoy de dulce paz», pues notemos bien que se trata de paz en la tierra, paz en ti mismo, paz para contigo mismo, paz con los que te rodean, paz con Dios. No descanses hasta que la tengas.

Buena voluntad para con los hombres

Sabiamente, terminaron los ángeles su canto con el tercer verso, diciendo: «Buena voluntad par con los hombres.»

Los filósofos han dicho que Dios tiene buena voluntad para con los hombres, pero nunca he conocido persona alguna que fuese consolada por semejante afirmación. Los sabios han sacado en consecuencia de lo que han visto en la creación que Dios debe tener muy buena voluntad para con los hombres; porque si no fuese así, nunca hubiera hecho tantas cosas para nuestro bienestar; pero nunca he hallado persona alguna cuya alma se atreviese a descansar en esperanza tan débil. Pero no sólo he oído hablar de miles, sino he conocido a miles que están absolutamente ciertos de que Dios tiene buena voluntad para con ellos, y si les preguntamos el porqué, están dispuestos a dar contestación categórica, plena y consciente. Dicen: «Tiene buena voluntad para con los hombres porque «de tal manera amó Dios al mundo que ha dado a su Hijo unigénito, para que todo aquel que en Él cree no se pierda, mas tenga vida eterna.» No se puede dar mayor prueba de bondad entre el Creador y sus criaturas que ésta: que dé su Hijo unigénito y bien amado para que muera por las culpas de ellas.

Aunque la parte primera es divina y la segunda llena de paz, esta tercera conmueve más mi alma. Algunos piensan de Dios como si fuese un ser frío que odia a la humanidad entera. Algunos le representan como existiendo sin tomarse interés alguno en nuestros asuntos. Escuchad todos: Dios tiene «buena voluntad para con los hombres». Ya sabéis qué quiere decir «buena voluntad». Pues bien; todo lo que implica la palabra y mucho más tiene Dios para con vosotros, hijos e hijas de Adán. Maldiciente, has maldecido a Dios, mas Él no te ha maldecido en cambio; todavía te tiene buena voluntad, aun cuando tú la tengas mala para con Él. Incrédulo, has pecado gravemente contra el Altísimo. Él, en cambio, no ha empleado su poder contra ti, porque todavía te tiene buena voluntad. Pobre pecador, has quebrantado su ley y tienes miedo de acercarte a su trono de misericordia, por temor de que te rechace. Escucha esto tú y cobra aliento: Dios tiene buena voluntad para contigo, y tan buena, que aun con juramento ha dicho: «No quiero la muerte del impío, sino que se torne el impío de su camino y que viva» (Ezequiel 32:11). Tan buena voluntad, que además ha tenido a bien decir: «Venid luego, y estemos a cuenta; si vuestros pecados fueren como la grana, como la nieve serán emblanquecidos; si fueren rojos como el carmesí, vendrán a ser como blanca lana.» Y si preguntas: «Señor, ¿cómo sabré que tienes tan buena voluntad para conmigo?», te dirige al pesebre, diciendo: «Pecador, si no tuviera buena voluntad para contigo, ¿habría descendido a esa cuna? Si no tuviera buena voluntad para con la raza humana, ¿habría entregado al Hijo unigénito para que se identificara con esa raza, para que redimiese de la muerte a sus miembros?» Vosotros que dudáis del amor del Maestro, contemplad este coro de ángeles; contemplad el brillo de su gloria; escuchad su canto y que en él se ahoguen vuestras dudas y que se entierren en esa armonía. Tiene buena voluntad para con los hombres: está dispuesto a perdonar, dispuesto a remitir la iniquidad, la transgresión y el pecado. Y notad que si Satanás añadiera: «Si bien Dios tiene buena voluntad, no puede prescindir de su justicia; y por lo mismo, su bondad puede resultar ineficaz y tú puedes morir y perecer.» Si tal sucediese, escucha tú la primera parte del cántico: «Gloria a Dios en las alturas», y responde al enemigo en todas sus tentaciones, que cuando Dios manifiesta su buena voluntad para con el pecador arrepentido, no sólo le viene la paz al corazón, sino el acto proporciona gloria a cada atributo de Dios; siendo Él justo y, sin embargo, Justificador del pecador que cree.

Expresiones proféticas

En las palabras de nuestra meditación hay expresiones proféticas.

Cantaron los ángeles:

«Gloria a Dios en las alturas,
En la tierra paz,
Y buena voluntad para los hombres.»

Pero miro a mi alrededor y ¿qué veo? No veo a Dios honrado. Veo al mundo pagano inclinarse ante los ídolos. Miro a mi alrededor y veo a los tiranos enseñorearse de los cuerpos y de las almas. Viven olvidados de Dios. Contemplo la carrera de codiciosa multitud en pos de Mammón; veo la carrera sangrienta de la multitud en pos de Moloc; veo la ambición olvidada de Dios cabalgando a trav6s del país cual Nimrod, deshonrando su nombre. ¿Fue esto acaso lo que hizo cantar a los ángeles: «Gloria a Dios en las alturas»? Ciertamente que no. Pero mejores días nos aguardan.

Cantaron: «Paz en la tierra.» Pero todavía oigo el clarín de la guerra y el estampido horrible del cañón. Todavía no se han trocado las espadas en rejas de arado y las lanzas en hoces. Prevalece todavía la guerra. ¿Cantaron acerca de esto los ángeles? Viendo como veo guerras por todas partes, ¿creeré que los ángeles no esperaban otra cosa? No, y mil veces no; hermanos: el cántico de los ángeles está lleno de profecías que se cumplirán el día señalado.

Algunos años más, y quien los viva, verá por qué cantaron los ángeles. Algunos años más, y el que ha de venir vendrá y no tardará. Cristo el Señor vendrá otra vez, y cuando venga echará los ídolos de sus altares. Aniquilará toda forma de herejía y todo vestigio de idolatría. Reinará de polo a polo, sin límite en potencia y poderío. Reinará cuando aquel azulado cielo se repliegue como vestidura y pase. Ni riña ni discordia afectarán al reinado del Mesías y no se verterá sangre jamás. Colgarán alto el inútil escudo y no estudiarán más para la guerra. Se acerca la hora cuando se cerrará para siempre el templo de Jano y cuando el cruel Marte se desterrará del mundo. Viene el día cuando el león comerá paja como el buey y cuando se acostará el tigre con el cabrito, cuando el niño destetado extenderá su mano sobre la caverna del basilisco y se entretendrá sobre la cueva del áspid. La hora se acerca. Los primeros albores se observan. He aquí que viene con las nubes en majestad y gloria. Vendrá quien aguardamos con esperanza y gozo, cuya venida será gloria para sus redimidos y confusión para sus enemigos. ¡Ah!, hermanos, cuando los ángeles cantaron «Gloria», resonó un eco que se percibe de edad en edad hasta realizarse el glorioso porvenir que nos aguarda.

«¡Aleluya! Cristo el Señor
Dios Omnipotente
Reinará eternamente.»

Capítulo 7

DEL ESTERCOLERO AL TRONO

«Y levanta del polvo al pobre. Y al menesteroso alza del estiércol, para hacerles sentar con los príncipes, con los príncipes de su pueblo.»

(Salmo 113:7, 8)

Este texto trata especialmente de la obra de la gracia de Dios. En este caso vemos mejor que en otro alguno la condescendencia infinita de Dios en su trato con el hombre Se vale de lo que es vil para el mundo y de lo de ningún valor para reducir a nada lo que se jacta de algo. Elige para sí mismo lo que con desprecio desecha el mundo. Cubre el tabernáculo del testimonio con piel de foca, elige piedra tosca, sin labrar como material para construir el ara, una zarza cual candelabro para su manifestación ardiente y un pobre pastorcillo de ovejas para ser el «hombre según su corazón». Las personas y cosas que desprecian los hombres son a menudo de gran estima a la vista de Dios. Halla decenas de millares que por su estado y dignidad merecen un estercolero y les eleva llevándolos en sus potentes brazos de misericordia, hasta sentarlos entre los príncipes de su pueblo.

Con motivo del texto fijémonos, pues, en dónde halla sus escogidos, cómo les eleva y dónde les coloca.

I. Dónde los halla

La expresión del texto implica que se hallan en la categoría social más baja. Muchos de los elegidos del Señor no sólo se hallan entre los obreros, sino en las filas de los más pobres hijos del trabajo. Hay personas cuya penosa ocupación apenas produce lo bastante para proporcionarles el alimento suficiente para mantener el alma unida al cuerpo y, no obstante, llegan a poseer pan espiritual en abundancia. Muchos visten misérrimamente, llevando remiendo sobre remiendo, mas a pesar de ello, ante Dios, ni Salomón en el apogeo de su gloria, estaba vestido como uno de ellos. Algunas de las biografías más hermosas contienen la vida y hechos de cristianos elevados de la mayor miseria. Y ¿quién no ha contemplado con el mayor placer a esas personas afligidas de diversas calamidades, que han tenido que ir a parar en algún asilo, a esos creyentes en Dios que comen de gracia el pan cotidiano por carecer de fuerzas y de ocasión para ganárselo con sus propias manos? Pobre oyente que me escuchas esta mañana y te sientes casi indigno de sentarte en uno de estos asientos del lugar del culto, te suplico no te imagines que la pobreza sea un impedimento de elevación a la categoría de príncipe para con Dios. Todo lo contrario. La gloria del Evangelio es que ha de ser predicado a los pobres.

Pero, evidentemente, el texto tiene un sentido más espiritual. El estercolero es un lugar donde se echan las cosas inútiles; las cosas gastadas, ya inservibles para todo uso, se echan a la basura. Acaso desde su primitivo y apropiado uso, se les ha dado ya dos o tres años, más o menos adecuados, pero ahora sólo sirven de estorbo, y de consiguiente se echan a la basura para que se lleve lejos. ¡Cuántas veces los elegidos del Señor se han sentido semejantes a tal desecho, inútiles para todo uso, dignos solamente de ser tirados a la basura! Tú, querido amigo, tal vez en este momento te reconoces tal nulidad. Esta apreciación te causa tristeza, pero es, sin embargo, señal de salud. Cuando nosotros nos tenemos en poco, Dios nos tiene en gran estima. «Dios resiste al soberbio, pero da gracia al humilde.» «Él no quebrará la caña cascada; ni apagará la mecha que humea.» Aunque seas digno tan sólo de ser echado a la basura, su misericordia tierna te tendrá en cuenta y te elevará entre los príncipes de su pueblo.

Quizás ofrezca más consuelo tener presente que el estercolero es el lugar de destino para las cosas inmundas y repugnantes. De tales cosas acostumbramos a decir: «¡Fuera esa peste!» Cuando una cosa entra en descomposición, procuramos librarnos de ella en seguida. ¡Qué triste! Triste es que tengamos que aplicar esto a alguno de nuestros semejantes, pero es preciso hacerlo. ¡Oh amigo!, si el pecado te hace sentir enfermo, la cabeza enferma, el corazón fatigado, y si desde la cabeza hasta los pies te parece podrida llaga y corrupción, todavía el amor del Señor de gloria bajará hasta ti. Aun cuando al robo hayas añadido el homicidio y al homicidio iniquidad, la misericordia divina te busca y la sangre de Cristo aún es capaz de limpitarte de toda vileza. Todo aquel que se arrepiente y cree en Él, queda justificado de todo aquello de que la ley de Moisés no le podría justificar.

El pecado es un mal horroroso, un veneno fatal; sin embargo, y aun cuando hubiere penetrado en tu alma y en tu cuerpo hasta hacerte repugnante, moral y físicamente, la gracia infinita de Dios, manifestada en Cristo Jesús, es capaz de levantarte de tanto embrutecimiento y degradación y constituirte en glorioso trofeo de su gracia.

II. Cómo el Señor lo efectúa

Cuando el culpable, inútil y desgraciado pecador oye que Cristo Jesús vino al mundo a buscar y salvar lo perdido, esa pobre alma dirige la vista hacia Él, como diciendo: «Señor, tú eres mi último recurso. Si tú no me salvas, estoy perdido para siempre; de ti depende en absoluto mi salvación, porque yo no puedo ayudarme; no puedo añadir ni siquiera un hilo a la tela del vestido de tu justicia. Si tú no has completado la obra de salvación, no tengo nada para agregar a ella. Si tú no has pagado del todo el precio del rescate, no tengo ni un céntimo para completarlo. Señor, estoy ahogándome, me hundo, a ti me acojo; sálvame por tu amor y misericordia.»

> Toda mi esperanza
> en ti descansa.

Llegando el alma a este punto, ya está fuera del estercolero. Desde el momento en que el pecador se abandona así a la misericordia divina, cesa de ser pecador perdido. Dios borra de una plumada, como si dijéramos, sus culpas. Ya no se halla culpable en su presencia, sino justificado por la sangre de Cristo. Es salvado por gracia, mediante la fe, no por obras: es don de Dios. Ya puede levantarse de su arrepentimiento en saco y ceniza, cantando un nuevo cántico en honor del Cordero inmolado que le redimió, no con oro y plata, sino con su preciosa sangre. Así por el don de su Hijo unigénito aceptado por el perdido, Dios eleva a sus elegidos de su estado de perdición y ruina, haciéndoles ver y sentir que están sobre el estercolero y que no pueden librarse de la miseria ellos mismos.

Todo cristiano presente en esta congregación, cualquiera que haya sido su vida anterior, se halla perfecto, a la vista de Dios, mediante la obra de Jesús. La justicia inmaculada de Dios le es atribuida mediante la fe, de suerte que se halla «acepto en el Amado». Los hijos de Dios salvados del estercolero disfrutan de la seguridad completa de la salvación. Están seguros de que están a salvo, pudiendo decir con Job: «Sé que mi Redentor vive.» No dudan de si son hijos de Dios o no, porque el Espíritu rinde testimonio a su espíritu que son hijos de Dios, nacidos de arriba. Cristo es su hermano mayor. Dios es su Padre y les rige el espíritu filial, mediante el cual dicen: «Abba Padre.» Están convencidos de que «ni la muerte, ni la vida, ni lo presente, ni lo porvenir, ni lo alto, ni lo bajo, ni ninguna criatura podrá apartarles del amor de Dios que es en Cristo Jesús, su Señor». Pregunto a cada uno de vosotros, de corazón entendido, si esto no es estar entre los príncipes de su pueblo.

Los hijos de Dios, favorecidos por la gracia divina, tienen el privilegio de tener comunión con Cristo Jesús. Como Enoc, andamos con Dios. Como una criatura anda con su padre llevada de su mano, mirándole el rostro, así los elegidos de Dios andan con su Padre celestial, del modo más íntimo, familiar y confiado, hablándole, explicándole sus tristeza, escuchando de su boca de gracia los secretos de su amor. La comunión con Jesús es cosa de más precio que el diamante más precioso de cualquier diadema imperial, de más precio que la corona más hermosa que vista el primer rey de la tierra.

Pero no es esto todo. Los creyentes son favorecidos con la gracia santificadora del Espíritu Santo. Dios, el Espíritu, mora en el cristiano verdadero por humilde que sea entre los hombres: es un templo ambulante en el que reside la divinidad. El Espíritu de Dios mora en nosotros y nosotros en él. Y este Espíritu santifica diariamente la vida y obra del cristiano, de manera que todo lo hace como para Dios; si vive, vive para Dios; si muere, le es ganancia. Queridos, en verdad es estar sentado entre príncipes el experimentar la influencia santificadora del Espíritu del Señor.

Además, muchos santos reciben, por añadidura, la bendición de ser útiles y hacemos hincapié en esto especialmente porque de linaje real es todo hombre positivamente útil a sus semejantes. No creáis que exagero; hablo la pura verdad: es príncipe verdadero quien hace bien a sus semejantes. Ser capaz de sembrar perlas sacándolas de la boca puede constituir a uno príncipe de cuento de hadas; pero si los labios son bendición para las almas de los hombres llevándoles al Salvador, esto es ser príncipe de verdad. Alimentar al hambriento, vestir al desnudo, levantar al caído, enseñar al ignorante, animar a los tristes, fortalecer a los vacilantes y conducir a los creyentes al trono de Dios, esto, hermanos, es andar revestido de un brillo que cordones y estrellas, órdenes y condecoraciones, jamás pueden conferir al hombre.

Aún más; el mundo tiene la idea de que somos gente sin dicha. Los escritores nos pintan a los caballeros andantes cual personas animosas, valientes y llenas de gozo y entusiasmo, mientras que los pobres puritanos eran gente desdichada, detestando los días festivos, aborreciendo los juegos y entretenimientos lícitos, caritristes y miserables, siendo una lástima que bajaran al infierno porque ya lo tenían en esta vida. Esto es falso; absolutamente falso, o por lo menos caricatura grosera. El regocijo de los caballeros no era más que chisporroteo de espinas bajo la olla; pero en los pechos de los puritanos moraba un gozo profundo e inagotable.

Pero sea como fuese, lo positivo es que nosotros que confiamos en Jesús somos la gente más bienaventurada y feliz del mundo; y esto no naturalmente, porque algunos de nosotros somos melancólicos por naturaleza; no siempre circunstancialmente, porque algunos de nosotros somos extremadamente pobres; pero en nuestro interior somos verdadera y positivamente felices, y podéis creerlo, el gozo de nuestro corazón no puede ser aventajado por ningún otro. Ni por el doble del oro que hay en todas las Indias mentiría en este caso: si hubiera de morir como un perro mañana, no cambiaría mi lugar con hombre alguno debajo del cielo en lo que toca a gozo y paz del alma, porque el ser cristiano y saberlo, disfrutar de este hecho, conocer la elección y comprender el glorioso llamamiento de Dios, esto proporciona más bienaventuranza, paz y gozo, en diez minutos, que el que se halla cien años en las moradas del pecado.

Así que, leyendo en el texto que «nos hace sentar con los príncipes», no pienso tanto en la figura retórica que, como todas, cojea; porque Dios nos coloca muy por encima de todos los príncipes terrestres, y si no fuera por lo que sigue, sería mejor prescindir de la figura; pero esto lo explica: *«príncipes de su pueblo»*, es decir, príncipes de otra sangre; grandes de otro reino. Entre los tales hace Dios morar a los suyos.

III. Dónde los hace sentar

«Entre los príncipes.» Ya hemos indicado la idea, pero vamos a fijarnos en otro aspecto del caso. «Entre príncipes» es el lugar de sociedad escogida. No se admite a cualquier en tal círculo distinguido. Entre tales aristócratas no debe meterse el plebeyo. Sangre azul circula por sus finas venas y no se puede esperar que el carmesí común se permita avivar la corriente lánguida. Pero ¿el verdadero cristiano? Pues éste también vive en sociedad muy distinguida. Oigamos: «Nuestra comunión verdàderamente es con el Padre y con su Hijo Jesucristo» (Juan 1:3). ¡Hablar de sociedad selecta! Ninguna hay más distinguida que ésta. Somos «linaje escogido, real sacerdocio, gente santa.» No nos hemos llegado al monte de Sinaí, sino al monte de Sión y a la ciudad del Dios vivo, Jerusalén la celeste, y a la compañía de muchos millares de ángeles, y a la congregación de los primogénitos que están alistados en los cielos (Hebr. 12:18-24). Ésta es la sociedad escogida.

Por otra parte, aunque los soberanos tengan sus días y sus horas de audiencia, el príncipe será recibido mientras el pueblo ha de mantenerse a distancia. Así también en lo espiritual, el hijo de Dios tiene acceso libre al trono del cielo a toda hora. Nuestros privilegios son de la mayor importancia. «Porque por él los unos y los otros tenemos entrada por un mismo espíritu al Padre.» «Lleguémonos, pues, confiadamente, al trono de la gracia —dice el apóstol— para alcanzar misericordia y hallar gracia para el oportuno socorro» (Hebr. 4:16). Tal es nuestra sociedad elegida, tal nuestro privilegio de palacio y de trono.

Se supone que entre los príncipes hay riqueza abundante. Pero, ¿qué y cuál es la riqueza de los príncipes de la tierra comparada con la de los creyentes? Pues, «todo es vuestro, y vosotros de Cristo, y Cristo de Dios». El que aun a su propio Hijo no perdonó, antes le entregó por todos nosotros, ¿cómo no os dará también con Él todas las cosas?

Los príncipes tienen también poder especial. El príncipe ejerce influencia; maneja el cetro en sus dominios. Y así, nosotros, somos hechos «reyes y sacerdotes para Dios y reinaremos para siempre jamás». No somos reyes de tal o cual dominio de triple corona, y no obstante tenemos triple dominio: reinamos sobre el espíritu, alma y cuerpo. Reinamos sobre el reino unido del tiempo y de la eternidad: reinaremos en el venidero, para siempre jamás.

Los príncipes disfrutan de honor especial. Las masas desean ver al príncipe y se deleitarían en servirle. Se le concede el primer puesto en el reino: es de sangre real y es preciso que se le estime y respete. Queridos, oigamos la Palabra: «Y juntamente nos resucitó, y asimismo nos hizo sentar en los cielos con Cristo Jesús», de modo que como participamos de su cruz participaremos de sus honores.

Pablo fue arrebatado del estercolero de la persecución y no obstante no es inferior a nadie en la gloria; y tú aun cuando fueras el primero de los pecadores, no tendrás más mala suerte cuando venga el Señor en su gloria. Pero como te redimió con su sangre y te honró en la tierra, así te honrará en el estado futuro, haciéndote sentar consigo y reinar entre los príncipes de su pueblo para siempre jamás. ¡Bendiga Dios estas palabras por amor de Jesús! Amén.

Capítulo 8

REVESTIRSE DE CRISTO

«Vestíos del Señor Jesucristo, y no hagáis caso de la carne en sus deseos» (Romanos 13:14).

«Habiéndoos despojado del viejo hombre con sus hechos... Y revestíos del nuevo... Vestíos, pues, como escogidos de Dios, etc.» (Col. 3:9-15).

Para poder revestirnos exteriormente de Cristo es necesario primero conocerle interiormente. Cristo debe ser recibido en el corazón por fe, antes de poder manifestarse en la vida por la santidad. Para que nos alumbre la linterna, hay que encender la vela que está dentro; luego, sin esfuerzo, la luz se difunde y alumbra a los hombres. Hermanos míos, si habéis recibido a Cristo, no ocultéis nunca vuestro amor por Él, y si creéis que Él es la esperanza de gloria (Col. 1:27), portaos de tal manera que todo el mundo pueda ver que Él es la gloria de vuestra esperanza. Como la fuente de vuestra vida interior está escondida en Cristo Jesús, que la pureza de vuestra vida diaria proceda igualmente de Él. Que lo exterior y visible sea inspirado por lo interior y lo invisible, de suerte que el mundo no pueda negar que eres hijo del día. No basta que sea Cristo vuestro alimento, el pan que sostiene el hombre interior; es también necesario que sea el vestido que cubre el hombre exterior.

«Revestíos del Señor Jesucristo.» ¡Expresión admirable! ¡Qué condescendencia de parte del Maestro el haber permitido a su apóstol emplear tal lenguaje! Es indudable que Pablo expresó el pensamienot del Espíritu Santo. Ojalá que el mismo Espíritu nos ayude a comprender su verdadero sentido.

Nosotros todos necesitamos un vestido divino: tal es la solemne verdad que se deduce de este texto. El apóstol no dice: Procurad vivir cerca del Señor. No; él dice: «Revestíos del Señor Jesucristo», es decir: Que sea Él el vestido de nuestra vida. Un hombre toma su bastón para el viaje o su espada para la guerra; luego, cuando vuelve a casa, los deja. Pero el cristiano en todo tiempo tiene que estar vestido del Señor Jesucristo; y debe ser de tal manera revestido de Él, que se confunda con Cristo y que Cristo sea identificado con su persona. Al aceptar a Cristo como Salvador, el creyente cumple con esta exhortación en un sentido parcial. Él se reviste de Cristo como de un manto de justicia. Es una muy hermosa figura de la obra o del oficio de la fe. La fe halla a la humanidad en un estado de vergonzosa desnudez, y viendo que la justicia de Dios en Cristo es el manto que le hace falta, nos cubre con él. Por la fe, el hombre cubre su flaqueza con la fuerza de Cristo, su pecado con la expiación, sus defectos con la perfección, su locura con la sabiduría, su muerte con la vida de Cristo, sus fluctuaciones con la constancia de Cristo. Por la fe se puede decir que el hombre desaparece en Cristo Jesús, de suerte que no se le ve más, sino en Cristo. La justicia de Dios en Cristo no solamente nos es imputada, sino que nos pertenece, porque Cristo es nuestro. «Por la obediencia de uno, los muchos serán constituidos justos.» Al creer el testimonio de Dios acerca de su

114

Hijo, soy justificado delante de Él, aunque todavía injusto por naturaleza. Las riquezas de Dios en Cristo Jesús vienen a ser mías desde el momento en que soy hecho hijo de Dios por la fe en su nombre.

Pero las palabras que vamos a mediar no se refieren a este asunto, pues el apóstol, en este pasaje, no trata de la doctrina de la justificación sino de la santificación. La exhortación que estudiamos se dirige a los que son justificados ya y adoptados hijos de Dios. Se dirige, pues, a vosotros, hermanos míos, que habéis sido lavados por la sangre de Cristo y justificados por su gracia. Vosotros debéis revestiros del Señor Jesucristo cada día, continuamente, para santificación de vuestra vida y para la gloria de Dios; en otras palabras, para que la santidad de Cristo sea reproducida en vuestra conducta diaria.

I. *¿A quién debemos ir para obtener la vestidura que nos falta?*

Amados, para todo lo que se relaciona con vuestras necesidades, no hay más que una respuesta: Id a Jesús y lo obtendréis todo.

Él «nos ha sido hecho por Dios sabiduría y justificación y santificación y redención (1 Cor. 1:30). Puesto que hallamos en Cristo el perdón y la justificación, no podemos ir a otro para obtener la santificación. Habiendo comenzado con Jesús, debemos seguir con Él hasta el fin. Además, ¿qué podemos desear, que Él sea incapaz de darnos? Sus riquezas son inescrutables. «Agradó al Padre que en Él habitase toda plenitud», y Él está pronto a darnos de su plenitud, «gracia por gracia.» El cristiano puede estar seguro, pues, que durante su viaje a través del desierto de la vida hasta que llegue a la vista del mar de cristal, que está delante del trono de Dios no experimentará necesidad alguna que no tenga plena satisfacción en Jesucristo. Si me preguntan: ¿En dónde puedo yo procurarme una vestidura digna de los atrios del Señor? ¿Una armadura que me proteja de las asechanzas del enemigo? ¿Un manto real que corresponda con mi oficio de rey y sacerdote? A todo eso responderé: «Vestíos del Señor Jesucristo.» Todo lo que os es necesario os será dado en Él. ¿Es un modelo de lo que queréis? No lo busquéis sino en la persona del Señor Jesucristo. No se nos manda que imitemos a fulano, a mengano o a zutano, por cristianos que sean, sino, «revestíos del Señor Jesucristo». Ni más ni menos. El modelo del cristiano es su Salvador. A menudo nos inclinamos a colocar ante nosotros un hombre notable por su piedad o por su filantropía, a quien procuramos imitar. Este método puede, sin duda, tener algo bueno, pero también puede producir mucho malo. En el más excelente de nuestros hermanos, siempre habrá defectos; y como tenemos la doble tendencia de tomar los defectos por virtudes, y de rebajar las virtudes hasta convertirlas en defectos, podemos sacar muy tristes resultados, aun cuando sean muy buenas nuestras intenciones. Hermano mío, si sigues a Jesús no te extraviarás; pon tus pies en las huellas de sus pasos y estarás seguro de no resbalar. Según la medida de la gracia que nos es dada, andemos por el mundo como Cristo mismo anduvo. Cualesquiera que sean las circunstancias en que te encuentres, no busques otro ejemplo que el de tu Maestro. Puedes consultarle como a un oráculo infalible. No preguntes cuáles son las costumbres de los que te rodean; el camino ancho frecuentado por las multitudes no es el que te conviene a ti. No preguntes: ¿Qué hace la gente distinguida? ¿Qué te importa? No es a los grandes de la tierra a quienes debes imitar, es a aquel que es el mayor de todos. Y notad, mis hermanos, que este precepto «vestíos del Señor Jesucristo», se aplica a cada uno de nosotros, sea cual fuere el lugar que ocupemos en la vida. ¿Soy comerciante? No tengo que conformarme con los métodos empleados por otros comerciantes en sus negocios, sino debo preguntarme:

¿Cómo quiere el Señor que yo dirija los míos? ¿Soy estudiante? No me interesa saber lo que piensan mis compañeros de la religión; que digan ellos lo que quieran, yo debo servir al Señor. Cualquiera que sea el medio en que se desenvuelva mi vida, sea en el círculo de la familia o en el de las relaciones sociales, en el mundo de los negocios o en el de las letras, debo revestirme del Señor Jesucristo. Y cuando me encuentro en perplejidad acerca de la senda que debo seguir, sólo tengo que preguntar: ¿Qué haría Jesús en mi lugar?, y luego seguir su ejemplo. Jamás debo permitirme hacer lo que mi conciencia me dice que mi Salvador no haría: pero, si según sus enseñanzas, su Espíritu y sus acciones me parece que Él hubiera obrado de tal manera, yo, sin vacilar, debo conformar mi conducta con la suya. No es al filósofo popular, ni al político, ni al sacerdote, ni al héroe del día, a quien debo tomar por modelo: es al mismo Señor Jesús, y es por su vida que debo modelar la mía.

Pero no nos basta tener un modelo: necesitamos un móvil activo y potente que nos aliente a imitar ese modelo. Es necesario que estemos ceñidos de celo, de amor y de un santo entusiasmo para proseguir al blanco, es decir, la santificación de nuestras almas. Lleguémonos al Señor Jesús, y Él nos dará el vigor que nos falta. Muchos son los que acuden a Moisés, esperando hallar ayuda para el cumplimiento del deber, en los truenos del Sinaí. Los tales piensan emplear su vida entera haciendo bien, Así se ponen debajo de la ley, y vuelven la espalda a la gracia. No es por el temor del castigo ni por la esperanza de un sueldo que los cristianos sirven al Dios viviente, sino se revisten de Cristo, y el amor de Cristo les constriñe. He aquí la fuente de la verdadera santidad. «El pecado no se enseñoreará de vosotros, pues no estáis bajo la ley, sino bajo la gracia.» Una fuerza mayor que la de la ley se apodera del creyente, quien sirve a Dios, no como el criado, por el sueldo que gana, sino como hijo que estima y ama a su padre. El móvil del creyente es la gratitud para con aquel que le redimió con su sangre preciosa. Jesús fue revestido de nuestros pecados, y es por esto que nosotros queremos ser revestidos de tu santidad. Amados oyentes, os suplico que no busquéis en las pendientes ásperas del Sinaí el estímulo a la santidad; id antes al Calvario y templad vuestras almas en la contemplación de la santa víctima. «Revestíos del Señor Jesucristo.» Compenetrados de su gran amor, inflamados de amor para con Él, será vuestra felicidad hacer su voluntad, y estaréis prestos a vivir o a morir, a obrar o a sufrir. ¿Será necesario que lo diga yo? Jamás debe uno hacer el bien con objeto de obtener la aprobación de los hombres. Muy débil es la vida que se sostiene sólo por el soplo de los hombres. Los discípulos de Jesús no deben ser esclavos de los hombres, no deben temblar bajo la censura de sus semejantes. El deseo de ser alabado y el temor de ser censurado son móviles bajos; son indignos del hombre que pertenece a Cristo. El servidor del Señor Jesucristo no puede hacerse siervo de los hombres. La gloria de su Maestro es su pasión; todo lo demás es sin importancia.

«Vestíos del Señor Jesucristo.» Creo que estas palabras significan también: que Jesucristo sea vuestra fuerza. Aunque hijo de Dios, salvado y vivificado por el Espíritu Santo, el cristiano no tiene la fuerza de cumplir su celeste vocación si no le es dada de arriba. Muy amados, llegaos a Jesús y Él os hará fuertes. Guardaos de decir o de pensar: «Haré bien porque estoy resuelto a hacerlo. Soy hombre de fuerte voluntad. No cederé a esta tentación, pues sé que la puedo resistir. He resuelto andar por el camino estrecho, y no hay peligro de que me aparte de él.» Cuidado, mi hermano. Si tienes tanta confianza en ti mismo, bien pronto descubrirás que no eres sino una caña quebrada. Las caídas y los defectos siguen de cerca a la soberbia. Ten cuidado de no confiar demasiado en la experiencia ganada. No digas en tu corazón: «Soy hombre de experiencia; no caeré en las trampas en que se enredan los jóvenes y los inexpertos. He perseverado durante tantos años en el bien, que puedo ahora considerarme fuera de peligro. Me parece imposible que yo me extravíe.» Querido oyente, lejos de ser imposible, ya estás extraviado. El momento en que el hombre declara que no puede caerse, ya está caído, habiendo perdido la humildad y la prudencia. Tienes el vértigo, mi hermano; y cuando la cabeza comienza a dar vueltas, los pies no permanecen muy firmes. La soberbia secreta es madre de los pecados visibles. Que Cristo, y no tus experiencias ni tu prudencia, sea tu fuerza. Revestíos, día por día, del Señor Jesús, y no queráis hacer, con los harapos del pasado, la vestidura del porvenir. Que vuestras provisiones espirituales sean siempre frescas. Que vuestra actividad y vuestra santidad procedan sólo de Jesucristo. No fiéis en vuestras resoluciones, ni en vuestras promesas, ni en vuestros principios, ni en vuestras oraciones; descansad únicamente en Cristo, como la fuerza de vuestra vida.

Pero nuestro texto tiene todavía una aplicación más amplia. «Revestíos del Señor Jesucristo» quiere decir, evidentemente, «revestíos de la perfección». Luego me propongo enumerar algunas de las virtudes y gracias que brillan en el carácter del Señor Jesús, y que deben ser halladas también en sus discípulos. Pero notad, os ruego, que nuestro texto no dice: «revestíos de tal virtud o de tal cualidad del Señor Jesús», sino «revestíos del mismo Señor Jesús.» Es Él mismo, con toda perfección, quien debe ser nuestro adorno. Todas nuestras miserias deben ser cubiertas de todas sus perfecciones. No es solamente su humildad o su dulzura o su amor o su celo lo que debemos imitar, es su completa santidad. Hermanos míos, procurad vivir en una comunicación tan íntima con Cristo, que su personalidad sea, por así decirlo, reproducida en vosotros. Si nos revestimos de

Cristo, nuestra vida será escondida en Él; ya no viviremos nosotros, sino que vivirá Él en nosotros. Cuando el apóstol nos dice: «revestíos del Señor Jesucristo», es como si nos dijera: «Que se esconda vuestra personalidad detrás del Señor Jesucristo. Que vuestra voluntad sea conformada con la suya. Que vuestra vida sea animada con su Espíritu, compenetrada de su dulzura, impregnada de su amor; en una palabra: que vuestro ser mortal sea revestido del Señor Jesús, como vuestro cuerpo de vuestra ropa.» ¡Qué admirable precepto! Quiera Dios concedernos que lo practiquemos. Es la voluntad de Dios que, a medida que progresemos en la vida, seamos cada vez más semejantes a Jesús, cumpliéndose así el designio del que nos «predestinó para que fuésemos hechos conformes a la imagen de su Hijo».

Advertimos, además, que esta vestidura es universal, es decir, que se adapta al uso de cada uno de los creyentes en particular. Ya toqué este punto, pero es tan importante y tan consolador, que vuelvo a mencionarlo. El apóstol no dijo a un solo individuo: «Vístete tú del Señor Jesús», no; es a todos nosotros los cristianos que dirige esta exhortación. Todos los fieles, sean niños, sean jóvenes, sean padres en la vida cristiana, pueden revestirse de Cristo. Estoy bien seguro que no todos vosotros mis oyentes podéis llevar mi ropa; y estoy no menos seguro de que la ropa vuestra no me convendría a mí. Mas he aquí una vestidura incomparable que se adapta maravillosamente y sin compostura a todas las edades y a todos los temperamentos. El que se reviste del Señor Jesús tiene un ropaje de hermosura y de gloria para este presente mundo y para el venidero. Sea la que fuere nuestra situación en este mundo, no podemos hacer mejor que seguir el ejemplo del Señor Jesucristo. ¿Eres rey? No podra darte mejor consejo que éste: «Vístete del Señor Jesucristo.» ¿Eres un pobre desgraciado sin abrigo? No sabría darte mejor consejo que el de seguir el ejemplo de aquel que no tuvo dónde reclinar su cabeza. ¿Eres ministro del Evangelio? Es a ti sobre todo, mi hermano, que te conviene el consejo del apóstol. Procura predicar la verdad como lo hacía el mismo Jesús, es decir, con sencillez, con amor, con ardor y con insistencia. El predicador no puede tener un ideal más noble que el de su Maestro. El espíritu y los sentimientos del Señor Jesús, he aquí los mejores adornos eclesiásticos, el verdadero traje pastoral. En todo lugar, en toda ocasión, el cristiano puede revestirse del Señor Jesucristo con la seguridad de que esta santa vestidura será siempre admisible. En la prosperidad o en la adversidad, en la soledad o en público, en la salud o en la enfermedad, en la honra o en el oprobio, en la vida o en la muerte, vestíos del Señor Jesucristo; y con este manto real entraréis un día en el palacio del Rey del cielo, en la compañía de «los espíritus de los justos hechos perfectos» (Hebr. 12:23).

II. Consideremos nuestro texto desde otro punto de vista y con el auxilio del Espíritu Santo, responderemos a la segunda pregunta: ¿Qué es o en qué consiste esta vestidura que el apóstol recomienda?

Aquí nos llaman la atención los títulos divinos aplicados al Hijo de Dios. Se llama: EL SEÑOR, JESÚS, EL CRISTO. Es en este triple carácter que debemos revestirnos de Él. Acordaos sobre todo que Él es vuestro Señor y Maestro. Sed vosotros sus servidores en todo, poniendo a su servicio todo lo que tenéis y lo que sois, reconociendo con gozo que Él ha adquirido sobre vosotros derechos absolutos e imprescriptibles. Como Pablo, consideraos esclavos de Cristo, consagrados para siempre a su causa, hallando en su servicio la vida y la libertad. Que la santidad del Señor se extienda como manto que cubra vuestra naturaleza pecaminosa. Revestíos también de Jesús, es decir, del Salvador. Es, sobre todo, en este carácter que tenéis necesidad del Hijo de Dios. Pecador, mi hermano, esconde tu alma manchada en Jesús tu Salvador, y Él te librará de tus pecados. Él te santificará, dándote fuerzas para renunciar al mal, y te guardará de la recaída. Jesús es tu armadura contra el pecado. Has vencido por su sangre, en Él eres invulnerable. Él es tu escudo, y Él apagará los dardos inflamados del maligno.

Finalmente, revestíos del Hijo de Dios en su carácter de Cristo. Sabéis que la palabra Cristo significa «ungido». Jesús fue ungido como profeta, como sacerdote y como rey. Felices los que toman a Jesús por su profeta, y que aceptan sus enseñanzas como su credo. Tengo fe en el Evangelio. ¿Por qué? Porque Cristo mi profeta es su autor. Me basta este razonamiento. No tengo nada que objetar ni criticar. Cristo habló, y su autoridad soberana es para mí el fin de toda polémica. Lo que Cristo afirma yo lo creo. La discusión termina allí donde Cristo comienza. Revestíos de Él como vuestro sacerdote. No obstante vuestros pecados, vuestras miserias, vuestras manchas, llegaos sin temor al trono de gracia, por medio de aquel Mediador que tomó sobre sí vuestras iniquidades, os ha revestido de sus méritos y os reconció con Dios. ¿Qué teméis? Por la fe somos unidos a nuestro soberano sacerdote, y somos cubiertos con su sacrificio expiatorio.

Nuestro Señor Jesucristo fue también ungido como Rey. Revestíos de Él en su suprema majestad, sometiéndole todos vuestros pensamientos, todos vuestros deseos, toda vuestra voluntad. Que Él se siente sobre el trono de vuestro corazón. Que vuestras acciones y vuestra vida práctica sean sometidas a su autoridad real, y hallaréis así la santidad. Quisiera llamar vuestra atención a otra exhortación de Pablo que parece ser un comentario sobre mi texto. Se halla en Col. 3:12-14. En este pasaje el apóstol nos conduce al ropero del cristiano, y nos muestra su contenido. Vestíos, nos dice. Estas vestiduras deben usarse. Ninguna de ellas debe dejarse para que la consuma la polilla. Es necesario que nos vistamos de todas las virtudes cristianas que Dios ha preparado. La verdadera religión debe ser de uso diario. El cristiano no reserva nada: se sirve de todas sus riquezas en Cristo.

Vestíos, pues, como escogidos de Dios, santos y amados, de entrañas de misericordia, de benignidad. ¡Qué cosas preciosas son éstas! La misericordia y la bondad: ¡qué vestiduras, mejor dicho, qué adornos son ellas! ¿Te has revestido de ellas, hermano mío? ¿Has reflexionado que tú debes ser tan misericordioso y tan benigno, tan tierno y tan compasivo con tus semejantes como lo fue el mismo Jesucristo? ¿Lo has alcanzado? ¿Te esfuerzas por alcanzarlo?

«Vestíos de mansedumbre, de humildad.» Vestiduras igualmente preciosas, pero poco apreciadas por el mundo. La altivez de espíritu está mucho más de moda hoy, y los adornos del orgullo son más estimados. ¡Qué grandes señores parecen ser ciertos cristianos! En verdad, parece que el siervo es mayor que su Señor. Entre los que hacen profesión de grande piedad, cuántos hay que se portan desdeñosamente con los pequeños. ¿Es así, pregunto, como te vistes del Señor Jesús? Enséñame, si puedes, una sola palabra del Señor Jesús que indique insolencia o arrogancia. No; Jesús no oprime ni tiraniza a nadie. Él fue siempre humilde y lleno de gracia; Él, el Maestro de todos, el Señor de señores. ¿Qué, pues, debemos ser nosotros que no somos dignos de desatar la correa de sus zapatos? Querido hermano, si tienes mal genio, si eres por naturaleza imperioso y duro, te ruego con insistencia: «Vestíos del Señor Jesús.» Sí, hermanos, luchad contra vuestro mal humor, y procurad ser semejantes al Maestro, que era manso y humilde de corazón.

Pero continuemos. Las dos virtudes que ahora debemos revestir son la tolerancia y la paciencia. Muchos cristianos carecen de paciencia en el trato con sus semejantes. ¿Cómo pueden esperar que Dios la tenga con ellos? Si no se hace todo a su gusto se encolerizan. ¡Mirad a este energúmeno! Parece ser adorador de Marte o de alguna otra divinidad fiera. Seguramente no puede ser discípulo del Príncipe de paz. No me digan que tiene su temperamento y su genio; ojalá que los hubiera perdido. La verdad es que este hombre es egoísta, obstinado, iracundo, susceptible. Si es cristiano, es cristiano muy desgraciado y le aconsejo que se vista del Señor Jesucristo lo más pronto posible para que no se descubra la vergüenza de su desnudez. Nuestro Señor estaba siempre lleno de tolerancia. (Heb. 12:3). Debemos ser pacientes, aun cuando hayamos sido víctimas de grandes injusticias: más vale sufrir que devolver mal por mal.

Sigue el apóstol diciendo: «Perdonándoos los unos a los otros; de la manera que Cristo os perdonó, así también hacedlo vosotros.» ¿No es evidente que tal enseñanza viene del cielo? Pues tratemos de ponerla por obra. Vestíos del Espíritu de Cristo, y vuestra lengua no soltará palabras tan amargas. Vestíos de su amor, y vuestro corazón no abrigará sentimientos tan desapacibles. Que vuestra alma se llene de su santidad, y de buena gana perdonaréis, no siete veces, sino setenta veces siete.

«Sobre todas estas cosas, vestíos de caridad, la cual es el vínculo de la perfección.» La caridad es, en efecto, el cinturón que mantiene en su respectivo lugar cada pieza de nuestra vestidura espiritual. El amor: ¡qué precioso y divino cinturón! ¿Poseemos este tesoro? Nuestro bautismo, nuestra consagración a Dios tienen muy poco valor si nuestras animosidades no han sido sepultadas con el viejo hombre. Todos nosotros, desgraciadamente, quedamos con nuestros defectos; pero Dios nos conceda, por lo menos, que seamos llenos de amor para con nuestro Señor Jesús y para con nuestros semejantes.

Por fin, el apóstol concluye: «La paz de Dios gobierne vuestros corazones, y sed agradecidos.» La gratitud es una virtud muy rara; pero si está casi desterrada del mundo, por lo menos debe ser hallada entre los discípulos de Jesucristo. Bienaventurada el alma que está en plena posesión de sí mismo, siempre tranquila y reposada. Tal fue el estado de Jesucristo; por tanto, si deseamos ser semejantes a Él, vistámonos de su paz. Él no estuvo jamás agitado, ni sobreexcitado, ni contrariado. Jamás se quejaba ni envidiaba la suerte de otros. Luego, ¿no experimentaba disgustos ni provocaciones? Más de lo que nosotros podemos adivinar. ¿No tuvo ningún motivo de entristecerse y de angustiarse? Mil veces más que todos nosotros juntos. Sin embargo, no permitía que las cosas exteriores le inquietasen; conservaba siempre una calma majestuosa y divina. El Señor quiere que nosotros seamos revestidos de las mismas disposiciones. Él nos dejó su paz y quiso que su gozo fuese cumplido en nosotros. Él desea que la paz de Dios guarde nuestro corazón y nuestro entendimiento contra las acechanzas del adversario. Quiere que todos los hijos de Dios san fuertes y tranquilos; fuertes, porque son tranquilos; tranquilos, porque son fuertes.

He oído hablar de un gran personaje que empleaba dos horas y media cada día vistiéndose (señal más bien de pequeñez que de grandeza). Pero tratándose de revestiros de la santidad de Jesucristo, no puede uno dedicarle demasiado tiempo. Hermanos míos, toda vuestra vida apenas será tiempo suficiente para adquirir este magnífico adorno; pues, lo repito: el cristano no debe solamente reproducir una que otra virtud de las mencionadas; su tarea es más difícil. Está llamado a apropiarse del conjunto de las virtudes que caracterizan a Cristo mismo.

Vestíos de Jesucristo, dice mi texto; y no os contentéis con revestiros ocasionalmente; esta vestidura, por lúcida que sea, fue hecha para el uso diario. Bueno es revestirse de Jesucristo los domingos; pero no hay que dejarle a un lado durante el resto de la semana. Las mujeres suelen tener galas que no sacan a relucir sino en ocasiones extraordinarias; nosotros, cristianos, debemos exhibir nuestras joyas en todo tiempo, y no guardar en un estuche ninguno de los adornos que nuestro Señor pone a nuestra disposición.

El tiempo apremia, y brevemente responderé ahora a la tercera pregunta: ¿Cuál es la conducta que conviene al que está revestido de Cristo? Nuestro texto nos lo dice: «No hagáis caso de la carne en sus deseos.» La carne aquí significa nuestra naturaleza corrompida, que tiene auxiliares tan poderosos en los deseos y los apetitos del cuerpo. Cuando una persona se ha revestido del Señor Jesucristo, ¿tiene todavía necesidad de luchar con la carne? Indudablemente. Verdad es que de vez en cuando oigo a ciertos cristianos afirmar que ya no les queda vestigio del hombre viejo. Pero me tomo la libertad de no creer, sino con ciertas reservas, a la persona que da testimonio a favor de sí misma. Cuando un creyente me asegura que ha alcanzado la perfección, se me ocurre que si fuese cierto, no tendría necesidad de publicarlo. No es necesario proclamar que el sol nos alumbra, y si existiese en medio de nosotros un hombre perfectamente santo, no podría ocultarse. Hermanos míos, sospecho que aún conservamos muchas tendencias carnales. Estemos sobre aviso, escuchemos el consejo del apóstol: «No hagáis caso de la carne.» Estas palabras parecen tener varios significados. Primeramente, no tengáis indulgencia con la carne. No hay que disculparla. No se diga nunca: «Cristo me ha perdonado; pero tengo mal genio, y no puedo librarme de ello.» Amigo, al mostrar semejante tolerancia o indulgencia con el enemigo de tu alma, ¿qué estás haciendo sino satisfacer la carne? Otro dice: «Soy muy propenso al desaliento, y, por tanto, me es imposible regocijarme en el Señor como quisiera.» Razonamiento muy mal fundado. El desaliento viene de la incredulidad, y en vez de halagar al mayor de los pecados, debes arrojarlo de tu corazón sin demora.

«En cuanto a mí —dice un tercero—, soy por naturaleza muy alegre; un poco de placer mundano me es necesario.» ¡Juego peligroso! Estás haciendo precisamente lo que el apóstol prohíbe; estás halagando la carne para satisfacer sus deseos. ¡Cuidado! Si invitas al diablo a tu casa, sepas ciertísimamente que muy pronto él se hará dueño de ella. Cristianos, hermanos míos, tratad a vuestros enemigos espirituales como los israelitas trataron a los cananeos; no debéis darles cuartel. Exterminadlos; romped sus ídolos y derribad sus altares. No deis tregua al pecado, ni por un día, ni por una hora, ni por un minuto. Que vuestra obediencia sea sin interrupción. No digáis en vuestro corazón: «Mi conducta es, como regla, tan correcta, tan ejemplar, que una vez al año, en una reunión familiar, puedo permitirme ciertas libertades.» Luego, ¿cometer el pecado es, en tu opinión, tomar cierta libertad? Muy al contrario, el pecado es la peor esclavitud. Si el yugo del pecado no te parece pesado, es porque en el fondo de tu corazón ocultas el amor al pecado. Todo verdadero hijo de Dios tiene horror al mal. Una conversación deshonesta o siquiera liviana le desagrada al oído. Si, pues, tomas placer en ella, tu estado espiritual es gravísimo. No debemos consentir que la carne levante la cabeza; pues nadie puede saber hasta dónde es capaz de arrastrarnos. La carne es voraz y nunca se sacia. No debemos darle ni aun las migajas que caen de la mesa. Vestíos del Señor Jesucristo, y ya no habrá lugar para las concupiscencias de la carne. El pecado está allí donde Cristo no está. «Pensad que de cierto estáis muertos al pecado, mas vivos a Dios en Cristo Jesús, Señor nuestro.»

Si en realidad estamos revestidos de Cristo, por siempre hemos posesionado de esta divina vestidura, no descuidemos por más tiempo un asunto de tanta urgencia. ¿Por qué es urgente que seamos revestidos de Cristo? Porque el tiempo es corto. Es la noche del mundo. «Echemos las obras de las tinieblas y vistámonos las armas de luz.» Así revestidos, la misma oscuridad que nos rodea será luminosa. Es tan negra la noche del mundo que hemos menester la luz de Dios en nosotros para que no seamos tragados por las tinieblas.

Otra razón que nos debe inducir a revestirnos de Cristo lo más pronto posible es que la noche muy pronto habrá pasado. Se acerca el día; los rayos de la aurora ya aparecen en el horizonte. Despojémonos de los harapos del pecado, de las inmundas ropas del mundo, y saldremos a saludar al Sol naciente, adornados con las vestiduras de luz. Sí, hermanos, vestíos del Señor Jesucristo, pues Él viene; viene el amado de nuestra alma. De los montes llega a nuestros oídos el sonido lejano de la trompeta. Los heraldos gritan: «He aquí el Esposo viene.» Por más que parezca tardar, Él no pierde un segundo. El día de su venida se acerca más y más. No durmamos, pues, como los otros. Felices los que estarán apercibidos para entrar en la sala de las bodas cuando llegue el Esposo. ¿Cuál es el vestido de boda que nos hará dignos de ir al encuentro de Cristo y participar de su triunfo? Es Cristo mismo. Si aquí en este mundo Él es mi adorno y mi hermosura, puedo estar seguro de que Él será mi gloria durante la eternidad. Si aquí encuentro placer en Jesús, Él tendrá su placer en mí cuando recoja sus elegidos en las nubes del cielo. ¡Despertad, despertad, vírgenes dormidas! Aderezad vuestras lámparas. Estad apercibidas para acompañar al Rey de gloria que va a entrar en su reino. Salid a su encuentro con los espléndidos adornos que Él mismo os ha dado. Amén.

Capítulo 9

NECESIDAD DEL PROGRESO EN EL MINISTERIO

Plática de C. H. Spurgeon a sus estudiantes y ministros educados en su Instituto.

Queridos compañeros de milicia: somos pocos y tenemos ante nosotros una lucha desesperada; de consiguiente, urge que cada uno de nosotros sea lo más útil posible y se esfuerce al grado más alto posible. Es cosa de desear que los ministros del Señor sean lo más escogido de la Iglesia, sí, lo más escogido del universo entero, porque tal es la demanda del siglo, por tanto, respecto a vuestras personas y talentos individuales, os encargo la divisa: *¡Adelante, adelante! Adelante* en cualidades personales, *adelante* en dones y gracias, *adelante* en la conformidad a la imagen de Cristo. Los puntos que trataré empiezan en la base y ascienden.

En primer lugar, queridos hermanos, creo necesario que me diga a mí mismo y a vosotros que debemos *avanzar en aptitudes mentales*. No conviene, de ninguna manera, que nos presentemos continuamente en la peor condición. Ni en la condición mejor valemos nada para Él; pero, cuando menos, no hagamos ofrenda con tacha o defecto por nuestra pereza. «Amarás al Señor tu Dios de todo corazón» es tal vez un precepto más fácil de cumplir que amarle con toda nuestra mente; no obstante, debemos entregarle tanto nuestra mente como el centro de nuestras afecciones, y nuestra mente bien provista para que no le ofrezcamos una cabeza vacía. Nuestro ministerio requiere mentalidad. No digo que sea del todo cierta la frase «siglo de las luces», que tanto se usa; pero es cierto que ha habido bastante progreso en la educación entre todas las clases sociales y creo que aumentará aún más.

Ya no se toleran sermones que sean atentados contra la gramática. Aun en los distritos rurales de los que se decía «nadie sabe nada» hay algún maestro de escuela, y la falta de educación en el predicador será mayor impedimento que antes; pues cuando el orador quiera que los oyentes se acuerden del Evangelio, sólo se acordarán de sus expresiones antigramaticales y las repetirán como una cosa de broma, en lugar de repetir las doctrinas divinas con la seriedad que fuera de desear. Queridos hermanos, debemos cultivarnos cuanto sea posible, y esto primero, por recoger conocimientos vastos generales, y luego, por adquirir discernimiento para poder zarandear el montón y, finalmente, por una firme retención de mente, mediante la cual podamos almacenar en el alfolí el trigo zarandeado. Estas tres cosas no serán igualmente importantes, pero son todas necesarias para ser predicador completo.

Es preciso, digo, hacer grandes esfuerzos para adquirir conocimientos, especialmente bíblicos. No debemos limitarnos a *un* asunto de estudio si queremos ejercer y desarrollar nuestras facultades intelectuales todas... De todos modos, nuestro estudio principal es la Escritura. El trabajo principal del herrero es herrar caballos: que tenga cuidado en saber hacerlo bien, porque aun cuando supiera poner un cinturón de oro a un ángel, si no sabe hacer herraduras y fijarlas en las patas del caballo, fracasará como herrero. Importa poco que sepáis escribir la poesía más brillante si no sabéis predicar un sermón bueno que lleve consuelo a los santos y convicción de pecado a los pecadores. Estudiad la Biblia, hermanos, estudiadla con todos los buenos auxiliares que podáis conseguir, acordándoos de que hay facilidades hoy que no poseían nuestros padres y, por lo mismo, se puede en justicia pedir de vosotros que sepáis más que ellos.

Instruíos bien en la teología sin hacer caso alguno de los que se mofan de ella, ignorantes de lo que se trata. Muchos oradores no son teólogos; de aquí los errores que propalan. No perjudica al evangelista más ardiente ser teólogo sano: le salvará de cometer equivocaciones dañinas. Actualmente, oímos predicadores que sacan una frase del contexto y gritan: ¡Eureka. Eureka! como si hubiesen hallado una verdad nueva, cuando la verdad es que no han hallado un diamante, sino un pedazo de vidrio quebrado. Si hubiesen sabido comparar lo espiritual con lo espiritual o comprendido la analogía de la fe, o conocido la sabiduría santa de los grandes escudriñadores de las Escrituras en las edades pasadas, no se apresurarían tanto a echar a los cuatro vientos la noticia de su conocimiento maravilloso. Hagámonos bien y profundamente familiares con las grandes doctrinas de la Palabra de Dios y poderosos en la explicación de las Escrituras. Estoy seguro de que ninguna predicación durará y edificará mejor a la Iglesia como la predicación expositiva de la Palabra. Renunciar del todo a la predicación exhortiva por la expositiva sería ir a un extremo dañino, pero no es demasiado si insisto que, si vuestro ministerio ha de ser duradero y eficaz, debéis llegar a ser expositores. Para este fin es necesario que comprendáis la Palabra vosotros mismos y que seáis capaces de comentarla de modo que la gente sea edificada por ella. Sed maestros en la exposición de la Biblia, hermanos. Podéis dejar de estudiar cualquier obra por buena que sea, pero que no se os ocurra esto con la Biblia: familiarizaos con los escritos de los apóstoles. «La Palabra de Cristo habite en vosotros en abundancia.»

Por otra parte, colocando en primer término, y por encima de todo otro estudio, el de la Palabra inspirada, no debemos, sin embargo, despreciar otros estudios de utilidad positiva para el ministerio. En los hechos históricos y en los de la naturaleza abundan enseñanzas preciosas sobre el gobierno de Dios y su providencia. No temáis instruiros demasiado. Si la gracia abunda, no os hinchará la ciencia, ni dañará vuestra fe en la sencillez del Evangelio. Servid a Dios con la cultura que tengáis, dándole gracias porque se digna emplearos como bocinas de cuerno de carnero; pero si hay posibilidad de que lleguéis a ser trompetas de plata, escogedlo con preferencia.

He dicho que es preciso aprender a *discernir*, y en estos días es muy necesario insistir en este punto. Muchos corren en pos de novedades, encantados por cada nueva invención. Aprended a distinguir entre la verdad y la imitación y no seréis desviados. Algunos se apegan, como el molusco a la roca, a ciertas enseñanzas antiguas que no son otra cosa que errores antiguos. Probadlo todo con la piedra de toque, la Palabra divina, y guardad lo bueno. El uso del cedazo y el aventador es de gran necesidad. Queridos hermanos, el hombre que ha pedido al Señor que le dé vista clara mediante la cual pueda ver la verdad y discernir sus relaciones con el conjunto de la verdad entera, y quien por causa del constante uso de sus facultades ha conseguido un justo juicio, este tal está en condiciones de ser un guía de las huested del Señor; pero todos no son así. Da pena observar cómo muchos aceptan cualquier cosa con tal que se les presente con seriedad. Se tragan la medicina de cualquier charlatán religioso que tenga bastante osadía para aparecer sincero. No seáis niños de entendimiento, sino probad con cuidado antes de aceptar. Pedid al Espíritu Santo que os dé la facultad de discernir, y así podréis conducir vuestros rebaños lejos de los pastos venenosos y guiarlos a los pastos buenos y sanos.

Cuando, con el tiempo debido, hayáis alcanzado el conocimiento y la facultad de discernir, buscad luego la capacidad de retener y guardar firmemente lo que habéis aprendido. Actualmente algunos se glorían de ser veletas. No guardan nada; no tienen nada digno de guardar. Creyeron algo ayer, pero no lo creen hoy, ni lo de hoy lo creerán mañana. Y sería profeta mayor que Isaías quien fuera capaz de decir qué creerán en la próxima luna llena, porque están siempre cambiando de sar como si hubieran nacido bajo dicha luna, participando de sus fases. Tales personas pueden ser honradas como pretenden, pero ¿para qué sirven? Como buenos árboles transplantados con frecuencia, pueden ser de buena calidad, pero no producen nada. Su fuerza se gasta en echar raíces y volver a echarlas, no quedándoles jugo para llevar fruto alguno.

Aseguraos de poseer la verdad y aseguraos de guardarla. Estad dispuestos a recibir verdades nuevas, *si son verdaderas*, pero sed tardíos en aceptar una creencia que pretende haber hallado una luz superior a la del sol.

Las nuevas verdades que se venden por las calles, como la segunda edición del diario de la noche, no son, generalmente, mejores que éstos. La bella virgen de la verdad no se pinta las mejillas ni se adorna la cabeza como Jezabel, siguiendo cualquier moda filosófica: se contenta con su propia hermosura natural, y su aspecto es esencialmente el mismo, ayer, hoy y por los siglos. Los hombres que cambian son, generalmente, personas que necesitan ser radicalmente cambiadas ellas mismas. Nuestro envanecimiento de «pensamiento a la moderna», está haciendo un daño incalculable a las almas, y se asemeja a Nerón pulsando la lira al contemplar desde lo alto de su palacio el incendio de Roma. Las almas van a la condenación, mientras ellos siguen tejiendo y destejiendo teorías. El infierno está con su boca abierta tragando almas a millares, mientras los que debieran proclamar la Buena Nueva de salvación están «fabricando nuevas líneas de pensamiento». Los asesinos de almas, altamente educados, hallarán que su decantada cultura no les sirve de excusa alguna en el día del juicio.

Por amor de Dios, procuremos saber bien cómo salvar las almas y luego ¡pongamos manos a la obra! Estar discutiendo la manera de hacer pan, mientras la gente muere de hambre, es proceder detestable y criminal. Es hora de que sepamos qué predicar y si no, dimitamos de una vez. «Siempre aprenden y nunca pueden acabar de llegar al conocimiento de la verdad», es el lema que cuadra a los peores más bien que a los mejores de los hombres. En Roma vi a un muchacho extrayéndose una espina del pie. Volví al cabo de un año y allí estaba el mismísimo muchacho extrayéndose la espina todavía. ¿Será esta estatua nuestro modelo? «Doy forma a mi credo cada semana» fue la confesión que me hizo un pastor de esos que reciben todo lo nuevo. ¿A qué asemejaré a los tales? ¿No son semejantes a esas aves que frecuentan el Cuerno de Oro y se ven desde Constantinopla, de las cuales dicen que están siempre sobre las alas y nunca reposan? Nadie las ha visto jamás posar en el mar ni en la tierra. Están siempre en el aire, y dice la gente del país que son «almas perdidas», que buscan descanso sin hallarlo. Ciertamente, las personas que no han hallado descanso personal en la verdad, si no viven sin salvación ellas mismas, es muy dudoso que logren la salvación de otros. El que no tiene ninguna verdad segura que predicar, no debe extrañarse si los oyentes no le prestan confianza. Es indispensable que conozcamos la verdad, que la comprendamos y que la guardemos o retengamos firmemente; pues de no ser así, es imposible que llevemos a otros a creerla. Hermanos, primero os encargo que procuréis conseguir conocimiento y discernimiento, y luego, habiendo practicado el discernimiento, que os esforcéis en ser arraigados y fundados en la verdad. Cuidad de que las operaciones de llegar el granero, aventar el trigo y almacenarlo, se ejecuten a tiempo y debidamente, y así iréis mentalmente «adelante».

(*El segundo punto* trata del adelanto en oratoria: estilo claro, robusto, persuasivo. *El tercero*, de la moralidad: dominio de pasiones, dominio de la lengua, del genio, etcétera.)

En cuarto lugar, y sobre todo lo dicho, necesitamos adelantar en cualidades espirituales, en gracias que el Señor mismo obre en nosotros. Estoy seguro que esto es lo principal. Las demás cosas son preciosas, pero esto es inapreciable.

Necesitamos conocernos a nosotros mismos. El predicador debe ser grande en la ciencia del corazón, en la filosofía de la experiencia interior. Hay dos escuelas de experiencia y ninguna quiere aprender de la otra; pero nosotros procuremos aprender de ambas. Una habla del cristiano como quien conoce la profunda depravación de su corazón, que comprende lo engañoso de su naturaleza, sintiendo diariamente que en su carne no hay nada bueno. «El hombre —dicen— que no conoce ni siente esto; experimentando amarga pena de día en día, no posee en sí la vida de Dios.» No vale la pena hablar a éstos de libertad, de gozo en el Espíritu Santo: no lo quieren. Aprendamos de estos hermanos Saben mucho de lo que debe saberse y ¡ay! del ministro que ignora este caudal de conocimiento. Otra escuela de creyentes se fija mucho en la obra gloriosa del Espíritu de Dios, y hace perfectamente bien en ello. Creen en el Espíritu como potencia purificadora que limpia el corazón como el establo de Augias, haciéndolo morada del Espíritu. Pero, a veces, hablan como si hubieran cesado de pecar y de ser objeto de la tentación, gloriándose como si la lucha hubiera terminado y la batalla ganada. Aprendamos también de estos hermanos todo lo que nos pueden enseñar. Séannos familiares los picos de los collados y la gloria que reflejan los Hermón y Tabor, donde podamos ser transfigurados. No tengamos miedo de llegar a ser demasiado santos. No tengáis miedo de llegar a ser demasiado llenos del Espíritu Santo. Os quisiera ver sabios desde todos los puntos de vista y capaces de tratar con los hombres, tanto en sus conflictos como en sus goces; tan familiarizados con los unos como con los otros. Sabed dónde os dejó Adán; sabed dónde el Espíritu os ha colocado. Pero no sepáis una sola de estas dos cosas con exclusión de la otra. Creo que si hay hombre que se sienta dispuesto a gritar: «¡Miserable hombre de mí!, ¿quién me librará del cuerpo de esta muerte?, será el ministro, porque es preciso que seamos tentados en todas las cosas, para que seamos capaces de consolar a otros. La semana pasada vi en un coche del ferrocarril a un pobre hombre con su pie colocado en el asiento. Al verlo, le dijo un empleado: «Esos almohadones no se han puesto aquí para poner usted los pies.» El hombre calló, pero en cuanto se alejó el empleado levantó otra vez la pierna, diciéndome: «Ése, sin duda, nunca se ha roto la pierna como yo, si no, seguramente no sería tan duro para conmigo.» Cuando he oído a hermanos que han vivido con comodidades, disfrutando buenos sueldos, denunciando a otros muy atribulados porque no se han regocijado como ellos, he comprendido que nada sabían de los huesos rotos, que otros llevan durante toda su peregrinación por el mundo.

Hermanos, procurad conocer al hombre en Cristo y fuera de Cristo. Estudiadle su psicología, sus secretos y sus pasiones. Este estudio no lo podéis hacer en los libros; es preciso tener experiencia espiritual, personal: sólo Dios os la puede dar.

Entre las adquisiciones espirituales se necesita, más que toda otra cosa, conocer al que constituye el remedio para toda enfermedad humana: conocer a Jesús. Sentaos a sus pies. Estudiad su naturaleza, su obra, sus experimentos, su gloria. Regocijaos en su presencia: tened comunión con Él de día en día. Conocer a Cristo es comprender la más excelente de las ciencias. Si tenéis comunión con la sabiduría, no dejaréis de ser sabios; no os faltará poder si tenéis comunión con el poderoso Hijo de Dios. El otro día vi en una gruta italiana un pequeño helecho que crecía, donde sus hojas constantemente brillaban y vibraban en la llovizna de una fuente. Permanecía siempre verde y no le dañaban ni el ardor del verano ni el frío del invierno. Así permanezcamos nosotros constantemente bajo la bendita influencia del amor de Jesús. Permaneced en Él, hermanos, no le hagáis alguna visita tan sólo: permaneced en Él. Dicen en Italia que donde no entra el sol debe entrar el médico. Donde no brilla Jesús está enferma el alma. Calentaos en sus rayos y estaréis vigorosos en su servicio El domingo pasado traté un texto que me dominaba: «Nadie conoce al Hijo sino el Padre.» Dije a los oyentes que los pobres pecadores que habían acudido a Jesús por fe pensaban que ya le conocían, pero que sólo sabían un poco de Él. Cristianos de sesenta años de experiencia que habían andado con Él diariamente pensaban que le conocían, pero ya no son principiantes más. Los espíritus hechos perfectos delante del trono que le han adorado constantemente por cinco milenios piensan tal vez que le conocen, pero no le conocen plenamente. «Nadie conoce al Hijo, sino el Padre.» Tan glorioso es, que sólo el Padre infinito le conoce en absoluto, y, por lo tanto, no habrá límite en nuestro círculo de pensamientos, si hacemos a nuestro Señor el gran objeto de nuestras meditaciones.

Hermanos, el resultado de esto, si hemos de ser fuertes, será que seamos conformados al Señor. ¡Oh, si fuéramos semejantes a Él! Bendita sea esa cruz en la cual padeceremos, si sufrimos por ser semejante al Señor Jesús. Si logramos conformidad con Cristo, tendremos una unción maravillosa en nuestro ministerio; y sin ésta, ¿qué vale nuestro ministerio?

En una palabra: precisamos santidad de carácter. ¿Qué es la santidad? ¿No es entereza de carácter? ¿Una condición equilibrada en que no hay ni falta ni sobra? No es una moralidad que se asemeja a una estatua fría sin vida: la santidad es vida. Necesitamos santidad; y, hermanos queridos, si carecierais de algo en cualidades mentales (aunque confío que no sea así), y si poseéis en escasa medida el arte de la oratoria (aunque confío que no), creedme, al deciros que una vida santa es, en sí misma, una potencia maravillosa que suplirá la ausencia de grandes talentos: en verdad, ella es el mejor sermón que el mejor hombre puede pronunciar. Resolvamos, pues, obtener toda la pureza que sea posible, toda la santidad posible de alcanzar, y que en toda nuestra vida en este mundo de pecado pueda dar Cristo su conformidad y será ciertamente nuestro por la obra del Espíritu de Dios. Elévenos Dios a todos, como institución, a mayor altura, y a Él sea la gloria.

Capítulo 10

NUESTRO MANIFIESTO

Discurso pronunciado por C. H. Spurgeon ante una asamblea de pastores:
«Mas os hago saber, hermanos, que el Evangelio que ha sido anunciado por mí, no es según hombre.»
(Gálatas 1:11)

Es para mí el más triste espectáculo ver a San Pablo obligado a defender su apostolado, y defenderlo, no ya solamente de los ataques de un mundo incrédulo y escéptico, sino de los de miembros fríos y porfiadores de la Iglesia. Se buscaban mil pretextos para rebajar su persona y su obra. No era realmente un apóstol, se decía, porque él no había visto al Señor. ¡Como si sus trabajos permitieran dudar de su vocación divina! Para afirmar los derechos que se le niegan o desconocen, es por lo que tiene que encabezar todas sus epístolas con las palabras: «Pablo, apóstol de Jesucristo, por la voluntad de Dios, escogido para anunciar el Evangelio.»

Hermanos míos, si Dios se ha dignado servirse de nosotros para conducir a Él a muchas almas, y, no obstante, ciertos cristianos ponen en duda la vocación que hemos recibido de lo alto, seguramente su desconfianza con respecto a nosotros no podrá menos de sernos muy sensible; seremos «probados como en un horno»; pero aún así, no nos aflijamos «como si alguna cosa extraordinaria nos sobreviniese». ¿No se presta mil veces más a la crítica nuestro ministerio que el apostolado de San Pablo? Si este menosprecio nos alcanzara, lo soportaremos con gozo por el amor de nuestro Maestro, y recordaremos que ha sido la suerte de muchos de nuestros antepasados. Hasta faltaría el sello divino a nuestro ministerio si no recibiéramos el homenaje inconsciente de la enemistad, que el presente siglo siempre reserva a todo fiel servidor de Jesucristo. Cuando el diablo no es inquietado *por* nosotros, no se inquieta él *de* nosotros. Si no trabajamos para sacudir su reino, él está tranquilo y nos deja gozar de una paz sin gloria. Hermanos míos, que el ejemplo del apóstol de los gentiles nos instruya y nos conforte. Asimismo nosotros somos llamados a trabajar entre los gentiles de nuestro siglo, y entendamos que lo que Pablo sufrió es, en cierto modo, el tipo de lo que nos espera también a nosotros.

Pero no es solamente durante su vida que encuentran detractores, los más eminentes cristianos, es también después de su muerte. El antagonismo del mundo contra la verdad y contra sus anunciadores es inmutable. Se decía con desdén hace más de diediocho siglos: «¿Quién es Pablo?» Todavía se dice hoy. ¿No es muy frecuente, en efecto, encontrar hombres que se colocan abiertamente en oposición a san Pablo? Recuerdo mi sorpresa cuando por primera vez vi a alguien, de inteligencia muy mediocre por cierto, decirme con la mayor desenvoltura: «Sobre este asunto no estoy de acuerdo con Pablo.» Miré al individuo con estupefacción. Que semejante pigmeo osara hablar así del gran apóstol me parecía inaudito. Aun descontada la inspiración de Pablo, se hubiera dicho que era un ácaro contradiciendo a un querubín, o un puñado de heno disputando con el fuego. Jamás hubiera creído que se pudiera ostentar

140

tan desvergonzadamente la fatuidad. Pero, aunque fuesen apoyados por los más sabios críticos, los ataques contra San Pablo no influirían gran cosa sobre nosotros; nuestra confianza en él no sería quebrantada, ni sería menor nuestra firme convicción de que no estar de acuerdo con el gran apóstol es no estar de acuerdo ni con el Espíritu Santo ni con el Señor Jesús, de quien Pablo no era más que fiel intérprete. La persistencia con que son atacados sus escritos es muy notable, y nos advierte, lo repito, de que cuando hayamos entrado en nuestro reposo, nuestro nombre no estará al abrigo de injurias, ni nuestra enseñanza de la contradicción. La memoria de las más nobles vidas se ve a menudo profanada por la calumnia. No nos apenemos más por el juicio que los hombres formen de nosotros en vida, ¿qué de aquel con que nos gratificarán después de todo? Nadie será capaz de disminuir nuestro valor moral, si no somos nosotros mismos. Lo esencial es que nos conservemos puros delante de Dios; todo lo demás no merece la pena de dedicarle un pensamiento.

Entrando más de lleno en nuestro texto, digamos ante todo que al tomar las palabras del apóstol no pretendemos hacerles conservar toda la significación que él pudo darles; pero, sea como sea, hay un sentido en el que todos nosotros, así lo espero, podemos decir: «Mas os hago saber que el Evangelio anunciado por mí no es según hombre.» No solamente se nos permite apropiarnos este lenguaje, sino que es necesario que podamos hacerlo con absoluta sinceridad. En boca del apóstol Pablo, esta declaración equivale a un sermón. Él afirma, asegura. Es como si dijera: «Creed en mi palabra: el Evangelio que he anuciado no viene de los hombres.» Sobre este punto no quisiera que hubiera ninguna duda, ninguna equivocación, ninguna incertidumbre.

Según el contexto, es evidente que el apóstol aludía, desde luego, a su conversión; mas quiso al mismo tiempo afirmar dos cosas: primera, que NADIE PUEDE RE-CIBIR EL EVANGELIO POR MEDIO DE LOS HOM-BRES; segunda, que EL EVANGELIO MISMO NO HA SIDO INVENTADO POR LOS HOMBRES. Primeramente procuraré hacer resaltar estas dos enseñanzas de mi texto y después sacaremos ALGUNAS CONCLUSIONES PRÁCTICAS.

I

San Pablo afirma, desde luego, que nadie puede recibir el Evangelio por medio de los hombres. No hay duda que, tomando el asunto desde un punto de vista que yo llamaría exterior, es posible recibirlo por mediación humana. La bendita influencia de unos padres piadosos, la de un instructor de escuela dominical, de la predicación evangélica y de la lectura de un buen libro, no se pueden negar. Con Pablo no se empleó ninguno de estos medios, sino que fue llamado directamente por el Señor Jesucristo, hablándole desde el cielo y revelándose a su alma.

Realmente, fue mejor que el suceso ocurriese así y que Pedro, Jacobo y Juan no intervinieran para nada en su conversión, de manera que no ensalzase más que a Cristo sólo. Pero si ninguno de nosotros puede decir, en un sentido tan absoluto como el apóstol: «Yo no recibí ni aprendí el Evangelio de algún hombre, sino por revelación de Jesucristo», todo cristiano puede, a lo menos en cierta medida, emplear el mismo lenguaje. También nosotros hemos sido hechos capaces de recibir la gracia de Dios por una potencia superior a todas las potencias humanas. Los hombres han hecho llegar las palabras del Evangelio a nuestro oído, pero Dios mismo ha sido quien lo ha aplicado a nuestro corazón. El mejor de los santos hubiera sido impotente para hacerla penetrar en nuestra alma, de tal modo que fuese regenerada, convertida, santificada. Ha sido necesario un acto especial del Espíritu Santo para dar eficacia al instrumento humano y para hacer que la verdad opere en nuestra alma.

¿Será menester que lo diga? Nadie recibe el Evangelio *por derecho de nacimiento*. Podemos ser hijos de un padre piadoso, de una santa madre, sin ser por ello hijos de Dios. «Lo que es nacido de la carne, carne es» y no otra cosa. Sólo «lo que es nacido del Espíritu es espíritu». Verdad es que si escuchamos a ciertos padres, sus hijos no tienen necesidad de conversión. Hablan de ellos como si no estuvieran contaminados por el pecado original, como si fueran nacidos de Dios desde el seno de su madre, y como poseyendo un germen de gracia divina que sólo necesitan desenvolver. En cuanto a mí se refiere, lamento tener que decir que mi padre jamás tuvo de mí tan buena opinión. Bien pronto pudo comprobar que yo era nacido en pecado, formado en la iniquidad e inclinado a toda especie de mal. Mis maestros y mis amigos pudieron convencerse de que la locura reinaba en mi corazón, y, por otra parte, yo mismo no tardé en hacer tan triste descubrimiento. La idea de que nacemos con una buena naturaleza, aunque contraria a la Palabra de Dios, así como a las confesiones de fe oficialmente admitidas, gana terreno más aprisa de lo que se cree. Hay predicadores que no atreviéndose a formularla decididamente, la miran, sin embargo, con simpatía; es para ellos una hipótesis plausible que haya productos de la carne tan sumamente elevados que el nuevo nacimiento por el Espíritu no les es indispensable. La tácita admisión de esta creencia es un grave peligro para nuestras iglesias, porque conduce directamente a la idea de un cristianismo hereditario. Cuando los jóvenes sean admitidos sin conversión, en una iglesia cualquiera, en masa, como una cosa completamente natural, esa iglesia pronto será nada más que un trozo de mundo con etiqueta de cristianismo. ¡Ojalá que no lleguemos a esto jamás! Una religión que no es más que una herencia de familia vale bien poca cosa. La verdadera posteridad divina la forman los que «no son engendrados de sangre, ni de voluntad de carne, ni de voluntad de varón, mas de Dios» (Juan 1:13). La fe que hemos recibido no es simplemente una fe de tradición. Puede muy bien ser que tengamos una genealogía cristiana de las más auténticas; puede que descendamos de varias generaciones de creyentes, de confesores y de mártires; podremos gloriarnos de esto delante de los hombres, pero delante de Dios no sirve de nada. El cristiano, en cuanto al orden espiritual, no tiene más padre que el Señor mismo, ni ha recibido el Evangelio por ninguna filiación ni parentesco carnal, sino por la sola potencia de Dios.

Nadie debe tampoco recibir el Evangelio basándose *en el testimonio de uno o de varios hombres*. Hermanos míos, ¿admitís tal o cual artículo de fe, porque lo enseña Calvino? Si así lo hacéis, os aconsejo tengáis cuidado con el fundamento en vuestro edificio. ¿Creéis tal o cual doctrina porque Juan Wesley la predicó? Si es así, estáis en el caso de tener que examinaros a vosotros mismos. Dios tiene no más que un modo de revelarnos su verdad: por su Santo Espíritu. Sin duda que será útil y provechoso saber lo que tal o cual doctor ha creído. La opinión de un teólogo erudito, clarividente y juicioso no es de desdeñar. Su parecer vale tanto como el mío, y debo tenerlo en cuenta. No rechacemos jamás a la ligera lo que un hombre de Dios ha enseñado. Pero de esto a decir: «Yo creo bajo la autoridad de tal o cual individuo», hay mucha distancia. Cuántos cristianos jóvenes y sin experiencia toman por guías, en la senda de la verdad, a sus padres o sus pastores, y no es que me parezca mal; pero si queremos llegar a ser «hombres hechos en Jesucristo», sobre todo si queremos enseñar a otros, es necesario que «dejemos lo que era de niño» y que aprendamos a volar con nuestras propias alas. No

144

aceptemos sin examen el juicio de nadie; escudriñemos las Escrituras para ver si lo que leemos u oímos está conforme con ellas (Hech. 17:11); después, pidamos a Dios la gracia necesaria para apropiarnos de cada una de las verdades del Evangelio de tal modo que vengan a ser personalmente nuestras. Entonces podremos decir verdaderamente con el apóstol: «El Evangelio que ha sido anunciado por mí no es según hombre: es mi Señor mismo quien lo ha grabado en las más íntimas profundidades de mi alma.»

Hay otra manera de ponerse bajo la tutela de los hombres, de la que se habla mucho en nuestros días. Se nos dice: «No debéis aceptar ninguna doctrina si no es enseñada *por la Iglesia.*» Mas, ¿qué es la Iglesia, sino una reunión de hombres? La Iglesia se nos presenta, pues, como una autoridad suprema. Lo que ella sanciona, no debemos ponerlo en duda; lo que ella decreta, estamos obligados a aceptarlo. Esto es la enseñanza de San Pablo tomada al revés: es el Evangelio recibido, no de parte de Dios, sino de parte de los hombres. Y notad el proceso que se nos recomienda. Para asegurarnos de la verdad de un dogma, se nos invita a remontarnos hasta el origen de la Iglesia visible, y esto pasando por este gran receptáculo de impurezas llamada Iglesia Romana. Aunque la verdad sea limpia y transparente como una fuente de agua viva, no se me permite ir directamente a calmar en ella mi sed; tengo que seguir el fangoso canal, donde lo que se ha convenido en llamar «la Iglesia» ha vertido siglo tras siglo sus errores, sus invenciones y sus apostasías. Hermanos míos, ¿de que una doctrina haya sido aceptada por una de esas sociedades mundanas que han usurpado el nombre de iglesia cristiana, se sigue que esa doctrina sea verdad? ¿No será más bien motivo para no admitirla sin gran desconfianza? No, no recibimos la revelación de Dios porque una sucesión de padres, doctores, monjes, abades y obispos la hayan recibido antes que nosotros; esta sucesión nos lleva a los tiempos apostólicos. Nos gozamos cuando descubrimos que entre esos venerables personajes los hay que han creído y enseñado la verdad de Dios; pero este hecho en sí no es lo que la hace verdad para nosotros. Con el apóstol nosotros decimos y repetimos: «El Evangelio que ha sido anunciado por mí no es según hombre.» La Iglesia, en cualquier sentido que se tome la palabra, no será jamás, para nuestra conciencia, la autoridad soberana. No es así como hemos aprendido a Cristo.

Pero pasemos a otro orden de ideas. San Pablo declara implícitamente en un texto, que él recibió el Evangelio por una acción particular del Espíritu Santo en su alma. Hermanos míos, quiero creer que todos los presentes hemos tenido la misma experiencia. Ciertamente, no me atrevería a afirmar que en una asamblea numerosa como ésta en que nos hallamos no hubiera un Judas; y creo que haríamos bien en hacernos cada uno por su propia cuenta, y con santa desconfianza, la pregunta de los discípulos: ¿Soy yo, Señor? De todos modos, quiero creer, repito, que, en mayor o menor grado, sentimos todos que hemos recibido la verdad por enseñanza interior del Espíritu Santo. Recordamos, ¿no es así?, la época en que se hizo la luz en nuestra alma, cuando por primera vez nos reconocimos perdidos. Éste fue el principio de nuestra educación espiritual. ¡Ah!, esas sombrías doctrinas que sirven como precioso joyel de la gracia, ¿podremos olvidar jamás la impresión terrible que produjeron en nosotros? Por mi parte, desde la infancia me creí pecador, porque había sido educado cristianamente; pero desde que el Espíritu Santo comenzó a obrar en mí, me sentí aplastado por el sentimiento de mi pecado. A menudo temblaba oyendo hablar de la Ley de Dios y de sus exigencias, mientras una profunda convicción de mi indignidad me oprimía el corazón. Veía, por decirlo así, mi fealdad moral, y ¡qué espectáculo era ése! Me sentía culpable, «ya condenado» bajo el peso de la maldición. El terror y la angustia, luego el remordimiento y la vergüenza, se apoderaron de mí. Reconocía que todo lo que dice la Escritura sobre el pecado y el castigo por él merecido era absolutamente cierto, y esta terrible verdad no me la enseñaron los hombres, sino el Espíritu de Dios mismo.

Es el mismo Espíritu, hermanos míos, el que también nos ha hecho recibir la inefable doctrina de la paz, por la preciosa sangre de Jesús. Se nos había hablado, y aun quizás habíamos hablado nosotros mismos, del gran amor, del sacrificio expiatorio de «Aquel que ha llevado nuestros pecados sobre su cuerpo en el madero». Pero vino un momento en que caímos de rodillas al pie de la cruz, cuando contemplamos como con nuestros ojos el querido rostro del Crucificado, cuando sumergimos nuestra mirada en la suya desbordante de ternura, y tocamos, en cierto modo, las manos y los pies que fueron horadados por nosotros. ¡Oh!, fue entonces, cuando vimos al Señor Jesús sufriendo por nuestras ofensas, que se nos descubrieron los grandes misterios de la redención y de la expiación, llegando a ser para nuestra alma venturosas realidades.

Los siervos de Dios que están ya en la gloria, que nos han predicado el Evangelio, lo hicieron con potencia y fidelidad; se esforzaron en conducirnos a Cristo; mas revelar al Hijo de Dios a nuestra alma, les hubiera sido tan imposible como crear un mundo nuevo. Sólo Dios podía realizar esta obra; así, desde el fondo de nuestro corazón, decimos con el apóstol: «Os hago saber, hermanos, que el Evangelio que ha sido anunciado por mí, no es según hombre.»

Nuestros progresos espirituales nos vienen, igualmente, del Espíritu Santo. Después de nuestra conversión ha continuado en nuestro ser moral un trabajo interior. Sentimos cómo se opera en nuestra inteligencia un crecimiento gradual del Evangelio. No dudo, hermanos míos, que estudiáis comentarios, que leéis obras de cristianos eminentes; sólo con esta condición vuestros discursos valdrán la pena de ser oídos o leídos. Mas si nuestros conocimientos espirituales son de buena ley, no pueden proceder más que de Dios. ¿Qué podramos aprender de las cosas divinas, si Dios mismo no nos instruyese? Si una verdad nos fuera explicada por el más experto profesor, ¿no sería necesario que el Santo Espíritu la hiciera penetrar en nuestra alma? Al dejar la universidad, no habéis cesado de estudiar; vuestro gran Instructor es el Espíritu Santo. De nuestros profesores humanos podemos recibir la envoltura o la forma exterior de la religión, es decir, la teología; pero sólo el Santo Espíritu puede hacernos capaces de asimilar verdaderamente el Evangelio.

El espíritu de Dios nos da las más dulces lecciones, particularmente *en nuestras horas de soledad y recogimiento*. ¿No os ha ocurrido nunca, mis queridos amigo, quedar admirados y como inundados de gozo, cuando en el silencio de vuestra cámara meditáis las Sagradas Escrituras? Parecía, ciertamente, que las puertas de oro de la ciudad celestial se abrían para que entrarais. En verdad, la instrucción que recibíais no venía de los hombres, ya que estabais a solas con Dios y no teníais delante otro libro que la Biblia. Apenas si se puede decir que nuestro espíritu meditaba; olvidando todo lo que os rodeaba, absortos en Dios, os complacíais en beber con delicia la copa que Él os presentaba. Algunos minutos pasados así, recogiendo en silencio las enseñanzas del Señor, atraen sobre el creyente los más ricos tesoros espirituales que no hubiera logrado en largas horas de profundos estudios e indagaciones. La verdad se parece a esas grandes grutas y cavernas de estalactitas, cuya descripción nos admira, dejándonos hasta un poco incrédulos; se necesita entrar y ver por uno mismo si se quiere conocer realmente sus maravillas. Si os aventuráis en su interior sin más guía ni luz, corréis graves peligros; pero a la luz de las antorchas y acompañados de un guía experto, vuestra exploración tendrá el mayor interés. Vuestro guía comienza por haceros recorrer un pasillo estrecho y sinuoso, por donde no se puede pasar más que de rodillas. Pero, repentinamente, os halláis en una sala magnífica; y a la luz de las antorchas veis centellear y refulgir por todas partes innumerables piedras con los reflejos más variados. Contempláis admirados esta arquitectura grandiosa de la naturaleza, esas catedrales imponentes que no han sido hechas por la mano del hombre. Y mientras vagáis sorprendidos por el vasto palacio, entre elegantes columnas y piedras preciosas, sentís cuánto le debéis agradecer a vuestro guía y a su luminosa antorcha. Así es como el Espíritu nos «guía a toda verdad» esparciendo su luz sobre lo eterno y misterioso. Tales lecciones son inolvidables y los que las han recibido no corren el peligro de ser estremecidos por la vocinglera incredulidad.

Sin embargo es, sobre todo, *en la escuela de la aflicción* donde el Señor educa a sus hijos. Mucho apreciamos la meditación: ella no es como la plata, pero la aflicción es como el oro fino. La aflicción produce no sólo la paciencia, sino también la prueba (Rom. 5:3, 4), es decir, la experiencia, la cual no es otra cosa que una comprensión profunda e íntima de las verdades de Dios. ¿Sabéis, hermanos míos, lo que es estar clavado en el lecho de dolor, presa de grandes sufrimientos, tan agudos que por poco que hubieran aumentado no lo hubierais podido resistir? En estos momentos en que la carne desfallece, ¿no os ha sucedido, al apoyar vuestra cabeza dolorida en la almohada, sentiros tan profundamente dichosos que a menos de ser arrebatados al tercer cielo no lo fuerais más? Tal vez fue un texto de la Escritura que reanimó vuestra fe; se os apareció repentinamente, como una estrella en medio de la tempestad, y comprendistes que sólo el Señor pudo darle su bienhechora influencia. Así, a medida que la promesa luminosa esclarece vuestra alma, el dolor físico, el abatimiento moral, todo queda olvidado; y abismados en un reposo pasivo, os decís, «todo lo puedo en Cristo, que me fortalece». En el desierto de la prueba hay un lugar, hermano mío, que no podrás olvidar. En él crece una zarza: es una cosa poco atrayente, pero para ti es sagrada, porque desde ella el Señor ha hablado a tu alma. Como la zarza ardiente de Moisés, la tuya estuvo toda encendida pero no se consumía. Jamás olvidarás las lecciones recibidas junto a la zarza ardiente de la prueba. Hasta se puede preguntar si el cristiano conoce alguna verdad como se debe conocer antes de que el Espíritu Santo la haya grabado en su corazón con el hierro candente del sufrimiento. Hay métodos de enseñanza que nos son muy agradables; pero éste es, indudablemente, el mejor para implantar la Palabra en el fondo de nuestra alma, de tal modo que viene a mezclarse en toda nuestra vida. Entonces, no solamente creemos el Evangelio, sino que vivimos de él y por él. Él ha vivificado nuestro corazón: así cada latido de ese corazón le pertenece. No ponemos en duda ninguna de sus doctrinas, ¿cómo podríamos hacerlo desde que vive en nuestra alma y colora toda nuestra existencia? Si el diablo quiere insinuar objeciones, ¿qué importa?, no somos nosotros los responsables de sus ardides; además, su voz no tiene atractivo alguno para nuestro oído espiritual. Cuando el alma está completamente impregnada de la verdad divina, ya no es accesible a esas dudas que en otro tiempo la atormentaban como dardos envenenados.

También es *cuando el cristiano se entrega al servicio de su Maestro* que el Espíritu le enseña a recibir plenamente todo el sistema doctrinal contenido en el Evangelio. Hermanos míos: si no creéis en la doctrina de la corrupción humana, explorad detenidamente nuestras grandes ciudades, mirad de cerca los bajos fondos, y yo os aseguro que ya no la pondréis en duda. Si no

150

creéis en la absoluta necesidad de la acción del Espíritu
Santo para regenerar los corazones, id y predicad el
Evangelio a un auditorio culto y educado, que escuchará con gusto vuestra retórica, pero seguirá tan mundano
y tan frívolo como antes. Si no creéis en la doctrina de
expiación, acercaos a ver cómo mueren los creyentes, y
os convenceréis de que la cruz de Cristo es su último
refugio y la sangre de Cristo su única esperanza. Si no
creéis en la elección de la gracia, andad entre las multitudes y observad cuáles son las almas que se convier-
ten; casi siempre son aquellos que a la vista humana
están en peores condiciones. He aquí un hombre que
os dice: «Yo no tengo padre, ni madre, ni hermanos,
ni amigos, que se ocupen de las cosas de Dios.» «Pero,
entonces —preguntáis—, ¿cómo ha sido usted conducido a la salvación?» «Oí, por azar, una palabra en la
calle —os responde—; esta palabra me impresionó y
me hizo temblar ante Dios.» He aquí la elección de la
gracia. Y así como sucede esto en cuanto a la conversión, ocurre igual con la santificación. Es imposible explicar, si no es por una elección particular, por qué
ciertos creyentes penetran en el recinto interior del templo, mientras otros se quedan en los atrios exteriores;
por qué éstos brillan como antorchas en la iglesia, y
aquéllos nunca serán más que pálidas lucecitas. Cada
día se cumple esta palabra. «Los postreros serán los primeros.» Los santos que más han amado a su Maestro
son aquellos a los que ha sido perdonado mucho. La
mujer que había sido gran pecadora fue la única que
lavó los pies de Jesús. Un fariseo puede llegar a ser un
cristiano ordinario; pero hay no sé qué especial encanto
en la piedad del alma que ha llorado mucho por sus
pecados. El Señor es dueño soberano de sus dones. Él
hace lo que le place, tanto fuera como dentro de la
Iglesia, y nosotros no tenemos más que inclinarnos ante
su cetro. Como más avanzado en la vida, más convencido y seguro estoy de que la salvación es absoluta y

completamente una obra de gracia, y que el Señor concede esta gracia «según su buena voluntad».

Todavía una palabra: Algunos de entre nosotros pueden declarar que el Evangelio no les ha venido de los hombres, con tanta mayor certidumbre, porque en ciertos momentos han sentido *estar penetrados de una potencia y de una unción divinas.* Espero que no nos dejemos dominar jamás por nuestras impresiones accidentales, y que no llegaremos a ser juguete de una credulidad enfermiza. Dios nos ha dotado de juicio, y debemos servirnos de él en todas las circunstancias. Pero dicho esto, no es, después de todo, menos cierto que algunas veces se desprenden de la Palabra de Dios, como efluvios sobrenaturales. Puede ocurrir en una época grave y solemne de nuestra vida: cuando hemos de tomar una de esas decisiones que influyen en toda nuestra existencia: abrimos la santa Escritura para buscar en ella consuelo y dirección. Un pasaje que habríamos leído cien veces antes, se adueña de nuestro espíritu y domina todos nuestros pensamientos. Es para nosotros como la estrella polar para el navegante: nuestras perplejidades se desvanecen, nuestro viaje se ha hecho fácil.

Entonces sentimos que el Evangelio no es un simple libro como los demás, sino la misma voz de Dios todopoderoso, dirigiéndose precisamente a nuestra alma. Por mi parte, puedo decir que ciertas promesas de Dios son más dulces a mi memoria que la miel a mi paladar, porque recuerdo lo que han sido para mí en horas de amargura: ellas me han animado en mis desfallecimientos, me han armado de valor para la lucha, me han preparado para toda clase de sacrificios. Ciertamente, me parece como si hubieran sido escritas expresamente para mí, pues se adaptan tan bien a las necesidades de mi alma como los dientes de una llave se adaptan a la cerradura. Muchas veces, cuando Jesús me habla por el Evangelio, apenas puedo persuadirme de que no le conozco personalmente. Aunque sé que nació en Belén de Judea, no deja de parecerme que el Bien Amado de mi alma es de mi mismo país, del mismo pueblo que yo, que hemos vivido siempre juntos y compartido todas nuestras impresiones. Pero al mismo tiempo descubro en Jesús una naturaleza infinitamente superior a la naturaleza humana, una simpatía que no se puede comparar a ninguna simpatía terrestre. Él penetra en las más íntimas reconditeces de mi corazón; soy ante Él como un libro abierto. Él me consuela como un amigo de toda la vida pudiera consolar. Él desciende en mis dolores más profundos y se eleva a las más altas cimas de mis alegrías. Yo tengo en mi corazón secretos que sólo Él conoce. Este maravilloso poder que el Señor Jesús ejerce sobre nosotros por medio de su Palabra, esta unción santa que le comunica en ciertos momentos, es quizá la prueba más concluyente de que esta Palabra nos viene de parte de Él y no de los hombres.

Y ¿qué es la unción? Hermanos míos, temo que ninguno de los presentes me puede ayudar a definirlo. ¿No es realmente imposible hacerlo? Sin embargo, sabemos descubrir muy bien dónde hay unción y dónde no la hay. Sin ella, la santa Escritura nos parece seca y árida; pero cuando la unción de lo Alto perfuma sus páginas, todo queda cambiado; ese Libro sagrado viene a ser su propio intérprete, su propio apologista, la confirmación y la prueba de su divinidad. Él obra sobre el alma regenerada como ninguna palabra humana lo puede hacer. Aunque hagamos de ella un uso constante, le encontramos una frescura y energía siempre nuevas. Muy especialmente, nos comunica una potencia santificante, prueba irrecusable de que procede del Dios tres veces santo. Las disertaciones de los filósofos pueden enseñarnos lo que es la santidad; sólo la Palabra de Dios nos enseña a santificarnos. Los predicadores cristianos pueden exhortarnos a crecer en la gracia continuamente: únicamente el Evangelio nos da los medios de hacerlo. La Palabra de Dios no es solamente nuestra regla de conducta: el Espíritu Santo hace de ella una fuerza activa que purifica nuestro corazón. Así se explica esta declaración del Señor Jesús: «Ya vosotros sois limpios, por la Palabra que os he hablado» (Juan 15:3). Cuando hemos sido así purificados, entonces sabemos a ciencia cierta que el Evangelio es verdad y que nos viene de Dios. Todos los tratados de apologética nada añadirían a nuestra convicción, puesto que poseemos en nosotros mismos el testimonio de los testimonios, «la demostración de las cosas que no se ven», el sello de la verdad eterna.

Pero me he extendido tanto en la primera parte de mi discurso, que necesariamente habré de abreviar la segunda.

Si bien San Pablo afirma en mi texto que él no había recibido el Evangelio por medio de los hombres, ciertamente quiso decir también que ESE MISMO EVANGELIO NO HA PODIDO SER INVENTADO POR LOS HOMBRES. Sobre este punto voy a presentaros varias sencillas observaciones.

Si alguno está inclinado a creer que el cristianismo es una religión como otra cualquier, *que compare de buena fe la Sagrada Escritura con las supuestas revelaciones divinas.* ¿Lo habéis hecho alguna vez, hermanos míos? Por mi parte, muy a menudo invito a nuestros estudiantes a hacer dicho estudio comparativo. Les digo: «Leamos hoy un capítulo del Corán.» Hace falta en verdad tener un espíritu sumamente entenebrecido para admitir que tal fárrago sea de divina inspiración. Lo poco familiarizado que se esté con el Antiguo y Nuevo Testamento, se reconocerá oyendo un pasaje del Corán, que se está en presencia de un pseudoprofeta. El Dios que inspiró el Pentateuco no puede tener nada que ver con ciertos párrafos del libro sagrado de los mahometanos. Uno de los más modernos pretendientes a la inspiración es el Libro de los Mormones. Si os leyera en voz alta una página de ese memorial, no tendría por qué reprenderos, si os viera presa de un acceso de risa loca.

¿Conocéis, hermanos, el *Protoevangelión* y otros libros apócrifos del Nuevo Testamento? Suponer que el más pequeño del reino de los cielos pudiera confundir esas obras de falsarios con el lenguaje del Espíritu Santo, sería ofenderle. Varias pretendidas revelaciones me han sido remitidas por sus autores (hay más gente con presunciones de profetas de lo que se cree) pero ninguno de ellos, os lo aseguro, ha dejado en mí la más leve sospecha de que pudiera ser el sucesor de Pablo o de Juan. Si tenéis algún discernimiento espiritual, no confundáis jamás los libros divinos con ningún otro. Si alumbra vuestra alma un rayo de luz divina, tendréis que reconocer en las obras de la inspiración un toque, una manera, un colorido, que no proviene de los hombres. ¿Dudará alguien esto que digo? Que tenga la bondad de escribirnos un quinto Evangelio. O bien, que uno de nuestros poetas contemporáneos componga un nuevo salmo, semejante, hasta el punto de poderse confundir con los salmos de David. Yo no veo *por qué* esto no puede hacerse, pero estoy segurísimo de que no se hará jamás. Se nos pueden dar nuevos cantos, pues cantar las alabanzas de Dios es como un instinto de la vida cristiana; pero a igualar la belleza de los cantos inspirados de David, no se llegará nunca. Así pues, decimos con San Pablo que el Evangelio, y por extensión todas las «Escrituras», no han venido de los hombres.

Mas, se me objetará quizás: «Usted se aparta del asunto. No se trata de libros sino de doctrinas. El Evangelio significa la buena nueva de la salvación. Pero no todos comprenden la salvación como usted. Hay un Evangelio mucho más ancho que el que ustedes predican.»

Lo sé, hermanos míos. Yo sé que hay un Evangelio

más ancho que el mío, un Evangelio que considero como una falsificación humana del Evangelio de Dios. ¿Y a qué conduce? Se acusa de estrecho el sistema de doctrinas conocido con el nombre de calvinismo; pero ese reproche no me preocupa en lo mínimo, pues precisamente se nos habla en la Palabra de Dios de *puerta estrecha* y de *camino estrecho*. Mas cuando habéis seguido este camino y traspasado el umbral de esta puerta, ¡qué prados deliciosos, qué «aguas de reposo» se extienden ante vuestra vista! Bien vale la pena el hacerse pequeño para llegar a este punto. Los sistemas humanos, por el contrario, tienen una puerta muy ancha, pero no conducen a nada que sea sólido y seguro. He oído a varios predicadores cuyos llamamientos pudieran resumirse así: «¡Venid, almas desconsoladas!», mas cuando hayáis venido, seguiréis igualmente desconsoladas porque la vida eterna no se os puede asegurar y toca a cada uno de por sí procurarse la salvación.» ¿Será necesario decirlo? Este Evangelio es el que viene de los hombres; no tiene ninguna relación con la Buena Nueva de salvación por Jesucristo, ni merece compararse con ella.

Sabemos también que nuestro glorioso Evangelio no procede de los hombres, porque *las verdades que enseña son más profundas que las que el espíritu humano ha inventado jamás*. Aun aquellos de nuestros semejantes que más se han distinguido por la originalidad de sus especulaciones no han llegado a imaginar el verdadero Evangelio. Si el plan de la salvación es tan sencillo como pretenden algunos críticos, ¿cómo es que ni los egipcios ni los chinos tuviera de él una remota idea? Los espíritus superiores a menudo coinciden; ¿cómo es, pues, que en ninguna época, otros espíritus superiores han coincidido con los que se llamaron Moisés, Isaías y San Pablo? Si, como se nos ha dicho, las verdades evangélicas no ofrecen nada notable, no me explico, lo confieso, el que los filósofos de Persia e India no las hayan presagiado; ni encontremos en ellas la más leve huella entre los sabios de Grecia. ¿Cuáles son, en efecto, los sabios del mundo pagano que hayan soñado jamás la doctrina de la gracia? ¿Han advinado ellos la encarnación y el sacrificio del Hijo de Dios? No; ninguno de ellos, que sepamos, ni siquiera con la ayuda del Libro inspirado, ha enseñado un sistema religioso que glorifique a la vez la justicia, el amor y la soberana gracia de Dios. Los discípulos de Mahoma han admitido, es cierto, una especie de predestinación, pero degenera para ellos en un ciego fatalismo; y si bien han conocido la verdad fundamental de la unidad de Dios, no han soñado jamás ni entrevisto un plan de redención tan justo por parte de Dios y que, a la vez, sosiegue tan bien la conciencia, como la sustitución del Señor Jesús en el puesto del hombre pecador.

Otra prueba concluyente, a mi parecer, es ésta: *el Evangelio es inmutable, mientras que todo lo humano es transitorio.* Cuando el hombre inventa un sistema filosófico o religioso (y se entretiene gustoso en ello, como los niños en fabricarse juguetes), ¿qué hace con él? Al primer momento está asombrado de su invención; más pronto lo hace pedazos para reconstruirlo de otra manera, y así repite indefinidamente esta operación. Las teorías religiosas de lo que se llama «el Pensamiento Moderno» o la «nueva Escuela» son tan vagas y ondulantes como las brumas de las montañas. ¡Cuántas veces no ha cambiado la ciencia hasta en sus bases! La ciencia tiene la especialidad de destruir hoy, científicamente, lo que ayer daba como cierto y positivo. Yo me he divertido a veces, en mis momentos de ocio, leyendo antiguas obras de historia natural; no hay cosa más curiosa. Lo que era verdad en otros tiempos es error en la actualidad; y, sin embargo, la historia natural no es de ningún modo una ciencia abstracta. Dentro de veinte años, algunos de los presentes se burlarán probablemente de las teorías científicas de la época actual, así como nosotros nos burlamos de las del siglo pasado. Tal vez esté lejos el tiempo en que la doctrina de la evolución será la risa de la juventud de nuestras escuelas. Esto es igualmente cierto con respecto a la teología moderna, que, en cierta idolatría dobla la rodilla ante «la falsamente llamada ciencia». En cuanto a nosotros, hermanos míos, lo declaro desde el fondo del corazón, las verdades que hemos predicado desde hace cuarenta años las predicaremos sin cambiarles nada, hasta el fin de nuestra vida. Además, afirmamos que el Evangelio anunciado por Jesús y sus apóstoles es el único Evangelio digno de este nombre que existe en la tierra. Los eclesiásticos y teólogos han alterado el Evangelio de tal modo que si no viniera de Dios, ya hubiera sido ahogado por la mentira; pero es la obra del Señor y por eso es inmutable. Todo lo que es humano se parece a la luna que cambia de aspecto en cada una de sus fases; pero la verdad cristiana no procede de los hombres; por lo tanto, es la misma ayer, hoy y por los siglos.

El Evangelio no puede venir del hombre, añadimos aún, *porque rebaja sigularmente su orgullo*. Los sistemas humanos adulan al hombre, pero el sistema divino dice la verdad. ¡Cómo ensalzan la dignidad humana los soñadores de hoy! ¡Qué grande es el hombre! Qué sublime! Pero presentadme una sola sílaba de la Palabra de Dios, que ensalce al hombre pecador. Por lo contrario, le rebaja hasta el polvo y afirma categóricamente su estado de condenación. ¿Dónde, pues, está la jactancia? Es «excluida». La puerta está cerrada para el orgullo. La glorificación de la naturaleza humana es ajena a las Escrituras, cuyo principal objeto es la gloria de Dios. Dios es todo en el Evangelio que yo anuncio, y espero que Él sea también «todo en todos» en cada uno de vosotros. Hay también falsos evangelios en que el trabajo y la gloria son repartidos entre el Creador y la criatura, en que la salvación no es completamente gratuita; pero en nuestro Evangelio «la salvación viene de Jehová» y solamente de Él. El hombre no hubiera podido jamás ni querido inventar un sistema religioso que le rebajase para no honrar ni glorificar más que al Señor; esto me parece una evidencia incontestable.

Lo que prueba también que el Evangelio no procede de los hombres es que *no hace al pecado ninguna concesión*, que no tiene para él ninguna condescendencia. He oído decir de un europeo que se hizo mahometano, porque le agradaba la poligamia permitida por el profeta árabe. La perspectiva de tener cuatro mujeres puede, en efecto, atraer a muchs individuos, en los que las consideraciones espirituales no haran ningún efecto. Si predicáis una doctrina que hace concesiones a la carne y que considera el pecado como un error y no como un crimen, tendréis oyentes solícitos. Si ofrecéis la absolución a poco costo y la paz de la conciencia al precio de algunos sacrificios anodinos, vuestra religión pronto llegará a estar de moda. Pero nuestro Evangelio declara que «la paga del pecado es muerte», que la vida eterna es un «don de Dios», y que este don lleva consigo el dolor del arrepentimiento, el odio al pecado y el despojamiento de nuestras malas inclinaciones. Nuestro Evangelio nos dice que todo hombre tiene que nacer de nuevo, que sin el nuevo nacimiento será eternamente perdido, mientras que con Él obtendrá vida eterna. Nuestro Evangelio no admite excusa ni indulgencia para el pecado; lo condena en absoluto. No ofrece ningún perdón completo y eficaz por otro medio que por la gran expiación del Hijo de Dios, ni da ninguna esperanza al que conserva secretamente en su corazón un pecado oculto sea cual fuere. Cristo ha muerto por el pecado, es necesario que nosotros muramos al pecado, sin lo cual nunca seremos salvos. El siervo de Dios que quiera predicar fielmente la gracia debe predicar «también la ley». No podéis anunciar en su plenitud la salvación por Cristo, si no es colocando el Sinaí al fondo del cuadro y el Calvario en primer término. Las almas deben sentir todo lo odioso y terrible que es el pecado, antes que puedan apreciar el gran sacrificio que es el punto central de nuestro Evangelio. Siendo que todo esto no es del agrado del hombre, que se deleita en el pecado, ¿no tendremos derecho a sacar la conclusión de que el Evangelio no es invención humana?

El hecho de que las verdades cristianas *están al alcance de los pobres y de los ignorantes* prueba también que estas verdades no proceden del hombre. En todas las épocas, el pobre ha sido desatendido. La sociedad no ha tenido en cuenta suficientemente sus necesidades ni sus derechos. Si las regiones celestes se pudieran reservar a ciertas clases privilegiadas, con exclusión de las demás, no puedo menos de preguntar si nuestro parlamento no promulgaría una ley encaminada a este fin. Pero no hay una cosa que ninguna ley humana podrá arrebatar al pobre; es el Evangelio del Señor Jesucristo. Aquí reina la verdadera igualdad. «A los pobres es anunciado el Evangelio», dijo el Salvador mismo. Precisamente esta característica de la Buena Nueva es lo que desagrada a muchas gentes; desprecian las doctrinas que el vulgo puede enetnder. Necesitan lo profundo y abstracto. Tenemos necesidades intelectuales —nos dicen—, nos hacen falta obreros evangélicos que sean más cultos e ilustrados. Esos predicadores van bien para el pueblo; pero los que somos espíritus superiores necesitamos una predicación que esté a la altura de la época actual. En otras palabras, el predicador de su elección será un hombre que no anuncie el Evangelio sino de una manera encubierta, ambigua y confusa; porque de otro modo se correría el peligro de que los pobres lo pudieran comprender, y puede que tuvieran la indiscreción de invadir un lugar de culto frecuentado por «la alta sociedad». Hermanos míos, el Evangelio de Dios no reconoce grandes ni pequeños, ricos ni pobres, blancos ni negros, sabios ni ignorantes. Si demuestra alguna preferencia, es por el pobre y el oprimido. ¿No dijo su fundador: «Te alabo, Padre, Señor del cielo y de la tierra, que hayas escondido estas cosas de los sabios y de los entendidos, y las hayas revelado a los niños? (Mateo 11:25). Imitando a nuestro Maestro nosotros alabamos a Dios por haber escogido «lo vil del mundo y lo menospreciado» (1 Cor. 1:28). A menudo oigo decir de cierto predicador a la moda, pero cuyo auditorio es muy reducido, que «hace una gran obra entre los *jóvenes pensadores*». Confieso que no creo gran cosa en la existencia de estos «jóvenes pensadores», porque generalmente he hallado en los que tales se creen, más de fatuidad que de pensamientos notables. Además, no es a los jóvenes en particular, ni a las jóvenes, ni a los ancianos a quien soy encargado de anunciar el Evangelio: es a «toda criatura», y, por lo tanto, no debo limitarme a ninguna edad ni a ninguna categoría. En este sentido, el Evangelio que predico es amplio como la humanidad; no hace selección ni exclusión alguna, ni atribuye menos valor al alma de un deshollinador o de un barrendero de la calle, que a la del Lord Mayor o la de Su Majestad.

Finalmente, podemos afirmar que el Evangelio no viene de los hombres, por la simple razón de *que les es antipático*. «El mundo ama lo que es suyo», pero ha sido siempre hostil al Evangelio, y todavía lo es hoy. Lo que más amargamente odia el hombre natural es la gran doctrina de la salvación por gracia, sobre todo si se le agrega la terrible palabra de *elección*. Sed osado a decir: «Dios tendrá misericordia del que tendrá misericordia y se compadecerá del que se compadecerá» (Rom. 9:15). Al punto os cubrirá de anatemas la crítica indignada. El discípulo de la religiosidad moderna no sólo rechaza con todas sus fuerzas la doctrina de la libre gracia de Dios, sino que se alza contra los que la anuncian. ¡Cómo!, predicar la elección del Padre, la expiación del Hijo, la regeneración por el Espíritu Santo; pero esto es intolerable! Si queréis ver hombres que pierden completamente el dominio de sí mismos, predicad un sermón sobre la soberana gracia de Dios, ante una reunión de teólogos de la nueva escuela. Un Evangelio disfrazado por los hombres será bien recibido por ellos; pero el Evangelio de Dios es tan antipático a nuestra vieja naturaleza, que hace falta nada menos que una operación divina sobre el espíritu y sobre el corazón, para hacernos capaces de recibirlo en toda su integridad.

No intentéis, mis queridos amigos, hacer el Evangelio agradable a los hombres carnales. No ocultéis el escándalo de la cruz; de otro modo perdería su eficacia. Los ángulos y las esquinas del Evangelio integran su fuerza; recortarlos es quitarles su potencia. Atenuar la verdad no es afirmarla, sino matarla. Si quitáis a Cristo del cristianismo, el cristianismo es muerto. Si suprimís la gracia del Evangelio ya no hay Evangelio. ¿No gustan vuestros oyentes de la doctrina de la gracia? Servídsela doble. Cuando el enemigo desacredita cierta clase de cañones, la autoridad militar obra sabiamente defendiendo sin demoras el país con esta máquina de guerra. Un gran general, al presentarse un día ante su rey, se enredó con su larga espada y tropezó. «Vuestra espada es molesta», le dijo el soberano. «Señor, a menudo la han hallado así los enemigos de Vuestra Majestad», respondió el general. Si el Evangelio, esta «espada del Espíritu» molesta a los enemigos de nuestro Rey, ¿quién de nosotros va a dolerse de ello?

ALGUNAS APLICACIONES PRÁCTICAS para terminar.

Queridos amigos: puesto que el Evangelio viene directamente de Dios, *aceptémoslo con una fe cada día más frime.* ¿Podéis esperar que llegaréis a *comprenderlo por completo?* Evidentemente que no. Nuestra inteligencia es semejante a una estrecha poterna que da entrada a una gran ciudad fortificada. Las grandes verdades de la revelaci5n no pueden ser mutiladas para hacerlas pasar por la poterna; además, el estrecho portillo no tiene las dimensiones necesarias para ello. Pero, felizmente, nuestra ciudad tiene puerta monumental, bastante ancha par dar paso al Infinito y Eterno: ésta es la fe. Renunciad, pues, al loco empeño de hacer penetrar en vuestra inteligencia por los esfuerzos de vuestra razón limitada, lo que podría tan fácilmente entrar en vuestro corazón por medio de la fe. Nosotros, que atacamos el racionalismo, no nos dejemos llevar por el afán de raciocinar demasiado; por otra parte, ¿hay algo menos racional que jactarse de recibir las cosas de Dios, a fuerza de razonamientos? Admitidlas fundados en el testimonio divino; y si tales doctrinas os turban, aun si se oponen a vuestros sentimientos naturales, no las rechacéis por eso. No toca a nosotros decir lo que debiera ser la verdad de Dios; limitémonos a aceptarla tal como Él nos la ha revelado.

Otra observación. Si recibimos completamente el Evangelio, *dispongámonos a sufrir la oposición de parte de los hombres*, particularmente de una persona que nos es muy cercana y muy querida, es decir, de nosotros mismos. Existe cierto «viejo hombre» que vive aún en cada uno de nosotros, y que no ama ciertamente la verdad, antes bien, demuestra una especial afición a la mentira. Un agente de policía, hombre piadoso y amable, me decía en cierta ocasión que cuando se veía atacado e insultado por el populacho «sentía como si un hueso del viejo hombre se agitara en él» ¡Ah!, ¿quién de nosotros, hermanos míos, no conoce este hueso, este resto de nuestra naturaleza corrompida? La carne está siempre en guerra con la verdad porque no se ha reconciliado con Dios, ni tampoco puede hacerlo. Roguemos al Señor que nos haga vencer nuestro orgullo, a fin de que su Palabra habite en nosotros, a despecho de nuestro corazón malvado. En cuanto a la oposición del mundo, no nos causa espanto, no esperamos de él otra cosa. Por mi parte, estoy perfectamente armado de coraza contra ella. El capitán de un navío no se inquieta si le salta encima un poco de espuma.

Recordad también, hermanos míos, que *si no habéis recibido de Dios mismo el Evangelio que anuciáis, no podréis pensar que se lo haréis aceptar a los demás.* Nos os creerán, a menos que vuestras palabras vayan acompañadas de la virtud de lo Alto. Mas si vuestra fe procede del Espíritu Santo, proseguid vuestra tarea con valor; los que se esfuercen en poneros estorbo serán derribados, estad seguros de ello. Sostenidos por el Señor, podemos desafiarlo todo, sofismas y tentaciones, lisonjas y amenazas. Opongamos a nuestros adversarios una santa obstinación y tendrán que renunciar a su propósito de seducirnos. Podrán llamarnos mojigatos y aun idiotas; pero, ¿qué nos importan semejantes epítetos, sabiendo que nuestros nombres están escritos en los cielos?

Por último, saquemos esta conclusión de nuestro texto: *puesto que el Evangelio nos viene de Dios, podemos confiar con toda seguridad en sus promesas.* Si procediera de los hombres, seguramente defraudaría nuestras esperanzas. ¿Habéis puesto alguna vez vuestra esperanza en uno de vuestros semejantes, sin teneros que arrepentir? ¿Habéis jamás buscado apoyo en el brazo de la carne sin haber tenido que reconocer muy pronto que el mejor de los hombres no es más que un hombre, al fin y al cabo? Mas las verdades contenidas en el Evangelio, siendo divinas, son ciertas e imperecederas. La Palabra de Dios nos es suficiente para vivir y para morir. Confiemos más y cada vez más en el Señor y en Él solamente. Si hemos sido iluminados por su gracia, tenemos necesidad de otras bendiciones. Volvamos a este mismo Maestro a fin de que nos enseñe las cosas más profundas de la salvación. Afirmemos decididamente nuestra fe en el éxito del Evangelio que nosotros hemos recibido. Así como ha obrado en nosotros, ¿por qué no obrará también sobre el mundo? Aun cuando la Iglesia visible, en su totalidad se hiciera apóstata, no desesperemos. En cierta ocasión en que Roma estaba cercada por los enemigos, y los pueblos de alrededor entregados al pillaje, fue puesto en venta un trozo de tierra. No parecía fácil hallar comprador, pero, a pesar de todo, un ciudadano la compró y aun la pagó a buen precio. Los invasores estaban allí, pero el patriota no dudaba de que serían muy pronto desalojados. «¿Qué destruirá el enemigo la República de Roma? ¡Veamos, pues! ¡Que se atreva a intentarlo!... Hermanos míos, tengamos la misma viril confianza con respecto al Evangelio de la salvación. El Dios de Jacob es nuestro alto refugio y nada podrá resistir su potencia. La cruz de Jesucristo es nuestra única bandera, y estamos ciertos de que esta bandera no será vencida jamás, porque el mismo Jehová es el que la defiende. La verdad le Dios es invencible. ¡Avanzad, pues, poderes de las tinieblas, y vosotros, los ejércitos del adversario! ¡Que unan sus esfuerzos la incredulidad, la crítica, el clericalismo y el racionalismo! Nada nos hará temer: la Palabra de Dios no pasará jamás; el Evangelio de Jesucristo permanecerá para siempre.

Capítulo 11

DESCANSO PARA LOS CANSADOS

«Venid a Mí todos los que estáis trabajados y cargados, que Yo os haré descansar. Llevad mi yugo sobre vosotros, y aprended de mí, que soy manso y humilde de corazón; y hallaréis descanso para vuestras almas. Porque mi yugo es fácil, y ligera mi carga.»
(Mateo 11:28-30)

Memorables palabras éstas que mucho hemos repetido y mucho nos han consolado; pero es posible que no las hayamos escudriñado para ver la profundidad de su significado. Las obras humanas rara vez soportarán un cuidadoso examen. Tomad una aguja perfectamente pulida, que parece sin la más pequeña desigualdad en su superficie, vedla con el microscopio, y parecerá una tosca barra de hierro; pero elegid lo que querráis de la naturaleza, la corteza o la hoja de un árbol, el ala o la pata de un insecto, y no descubriréis defecto por mucho que lo aumentéis o lo veáis. Tomad así las palabras de un hombre. La primera vez que las oís os conmoverán; podéis oírlas otra vez, y aun admirar su sentimiento; pero cansados pronto de su repetición, las llamaréis comunes y estimadas en más de lo que valen. No así las de Jesús, jamás pierden su frescura ni envejecen. Podéis repetir sus palabras y jamás agotar su música: podéis meditarlas día y noche sin que la familiaridad sea causa de menosprecio. Podéis batirlas en el almirez de la contemplación con la mano de la crítica, y más perceptible será su perfume. Disecad, investigad y pesad la enseñanza del Maestro, palabra por palabra, y cada sílaba os recompensará. Cuando paseaba por la isla de Liddo, cerca de Venecia, y oía el sonido de las campanas de la ciudad, se me hizo encantadora su música en tanto que flotaba por la laguna; pero cuando volví a la ciudad y me senté en el centro mismo de la música, en medio de todas las campanas, toda su dulzura se cambió en horrible estrépito, los dulces sonidos en furioso ruido; ni la más ligera melodía podía sorprender en ninguna campana, mientras que estaba fuera de duda la armonía de la ruidosa compañía. Las palabras de los poetas y escritores elocuentes pueden, como un todo, y oídas de lejos, sonar agradablemente; pero cuán pocas de ellas pueden sufrir un riguroso examen. Las oís sonar de lejos y son la misma dulzura. Cuando como pecador vagabas a media noche como viajero perdido en los bosques, ¡cuán dulcemente os llamaron al hogar! Pero habéis ahora entrado a la casa de misericordia, os sentáis y escucháis cada nota distinta del toque perfecto del amor, y admirados sentís que ni aun arpas angélicas pueden excederlo.

Os conduciré, si puedo, a las cámaras secretas de nuestro texto, colocaré sus palabras bajo el microscopio, y miraremos el interior de cada frase. Desearíamos sólo que nuestro microscopio tuviese mayor poder amplificador, y que nuestra habilidad para exponer el texto fuese más completa, porque contiene minas de instrucción. Leída superficialmente esta promesa ha alegrado y animado a millares, pero en el texto hay riquezas que sólo el minero diligente puede descubrir. Sus lugares poco profundos son frescos y buenos para los corderos, pero en sus profundidades hay perlas que esperamos bucear.

Nuestro primer punto es el *descanso*: «Venid a mí todos los que estáis trabajados y cargados, que yo os haré descansar.» El segundo punto es el *descanso*: «Llevad mi yugo sobre vosotros y aprended de mí, que soy manso y humilde de rorazón; y hallaréis descanso para vuestras almas.»

I.   Comencemos con el primer *DESCANSO*, y sólo para mayor claridad haremos divisiones.

1.   Notad *la persona invitada* a recibir este primer descanso: «Venid a mí todos los que estáis trabajados y cargados.» La palabra *todos* llama primero la atención: «*Todos* los que estáis trabajados.» Había necesidad de insertar esa palabra incluyente. ¿No acababa de decir el Salvador: «Gracias te doy, Padre, Señor del cielo y de la tierra, porque escondiste estas cosas a los sabios y entendidos, y las has revelado a los niños?» Alguno que oía al Salvador podría haber dicho: «Luego el Padre ha determinado a quiénes quiere revelar el Cristo; hay un número escogido según el arbitrio del Padre, a quienes el Evangelio es revelado, mientras que de otros queda escondido.» La precipitada inferencia que al hombre parece natural deducir de la doctrina es: «Luego para mí no hay invitación, no hay esperanza; me es inútil escuchar las amonestaciones e invitaciones del Evangelio.» Así el Salvador, como para corregir tal noción desalentadora, anuncia así su invitación: «Venid a mí *todos* los que estáis trabajados y cargados.» No se suponga que la elección excluye algunos de vosotros de la invitación de la misericordia; a todos los que trabajáis se os invita. Cualquier cosa que sea lo que la predestinación envuelva, estad seguros que de ningún modo limita ni disminuye la extensión de las invitaciones del Evangelio. Las buenas nuevas han de predicarse a «toda criatura» bajo el cielo, y en este pasa-

je particular se dirigen a *todos* los que están trabajados y cargados.

La descripción de la persona invitada es muy completa, la describe activa y pasivamente —«*Todos los que estáis trabajados*»—; he aquí la actividad de los que llevan el yugo, listos para trabajar por su salvación —«*cargados*»—, he aquí la forma pasiva de su condición religiosa, llevan una carga, están agobiados y muy cansados por el peso que llevan. Se encontrarán muchos activamente empeñados en buscar la salvación; creen que obedeciendo los preceptos de la ley serán salvos, y se esfuerzan hasta lo sumo por hacerlo; se les ha dicho que la observancia de ciertos ritos y ceremonias también los salvará, los están observando con el mayor cuidado; el yugo está sobre sus hombros y trabajan con diligencia. Unos trabajan en oración, otros en sacramentos, otros en privaciones y mortificaciones; pero considerados como una clase, se les despierta a sentir mucho la necesidad de la salvación, y trabajan para salvarse. A éstos dirige el Salvador su amonestación amante; en efecto, les dice: «Éste no es el camino hacia el descanso, los trabajos que os habéis impuesto sufrirán un revés; cesad de vuestros cansados esfuerzos, y creed en mí, porque luego os daré descanso; el descanso que mis trabajos han logrado para los creyentes.» Muy pronto los que son activos en lograr la salvación por la propia justicia caen en el estado pasivo, y quedan cargados; su trabajo viene a serles carga. Además de la carga de trabajo de su propia justicia, viene sobre ellos la terrible, tremenda, abrumadora carga de los pecados pasados, y un sentimiento de la ira de Dios debida a sus pecados. Un alma que tiene que llevar la carga de su propio pecado y la de la ira divina está en verdad muy cargada. Atlas con el mundo en sus espaldas tenía carga ligera comparado con un pecador sobre quien montañas de pecado y de ira están amontonadas. Tales personas están cargadas, además, de temores y apren-

170

siones: unos justos, otros sin fundamento; pero como quiera que sea, diariamente crece la carga. Sus trabajos activos no disminuyen sus sufrimientos pasivos. La aguda angustia de su alma crecerá en proporción a sus esfuerzos; y mientras que al principio esperan que si trabajan industriosamente, disminuirán gradualmente la masa de su pecado, sucede que su trabajo añade a su cansancio bajo el peso; sienten un triste chasco, porque su trabajo no les ha traído descanso; y una carga de desesperación, porque temen que nunca vendrá el libramiento. Pues bien, éstas son las personas a quienes el Salvador llama así: aquéllas que activamente buscan la salvación, aquéllas que pasivamente llevan la carga del pecado y de la ira divina.

Implícase también que éstos *no merecen* el descanso, porque se dice: «Venid a mí, y *os haré* descansar.» Un don no es por mérito, sino por gracia; salario y recompensa son para los que ganan; don es asunto de caridad. ¡Oh«, los que hoy sentís vuestra indignidad, que habéis buscado ardientemente la salvación y sufrido el peso del pecado, Jesús os dará gratuitamente lo que no podéis ganar ni comprar; os lo dará de su propia, rica y soberana misericordia, y está listo, si a Él venís, a dároslo ahora, porque ha prometido: «Venid a mí todos los que estáis trabajados y cargados, que yo os haré descansar.»

2.   Nótese en seguida *el precepto aquí sentado*: «Venid» no es «aprended», ni «llevad mi yugo» —eso está en el versículo siguiente designado para el próximo grado de experiencia cristiana—, pero el principio de la palabra del Señor es: «Venid a mí», «venid». Palabra sencilla, pero muy significativa. Venir es dejar una cosa para acercarse a otra. Venid, pues, vosotros, trabajados y cargados; dejad vuestras obras legales, vuestros esfuerzos en que confiáis, vuestros pecados y presunciones; dejad todo aquello en que hasta hoy habéis confiado y venid a Jesús, esto es, pensad en el Salvador,

acercaos a Él, confiad en Él. Contemplad a aquel que llevó la carga del pecado humano sobre la cruz del Calvario, donde fue hecho pecado por nosotros. Considerad a aquel que desde la cruz arrojó la enorme masa de las transgresiones de su pueblo en sepulcro insondable donde quedó sepultada para siempre. Pensad en Jesús el substituto y sacrificio divinamente señalado por el hombre culpable. Y viendo que es el mismo Hijo de Dios, siga la fe a vuestra contemplación; descansad en Él, fiaos de Él como que sufrió en vuestro lugar, ved en Él el pago de vuestra deuda por la ira de Dios. Esto es venir a Jesús. El arrepentimiento y la fe componen este «venid» —el arrepentimiento que deja el lugar donde estáis, y la fe que viene a confiar en Jesús.

Notad que el mandamiento «venid» es presente y en el idioma griego intensamente presente. Podría traducirse algo como: «Aquí a mí todos los que están trabajados y cargados.» Es un «venid» que significa no «venid mañana o el año próximo», sino ahora, luego». ¡Acercaos; esclavos, huid ahora de vuestro capataz! Cansados, confiad ahora en la promesa, y venid. ¡Venid ahora! Por un acto de fe instantánea, que os traerá paz instantánea, venid y confiad en Jesús, y Él os dará descanso. El descanso seguirá luego al ejercicio de vuestra fe. Que el Espíritu Santo guíe a alguna alma trabajada y cargada a Jesús, y que se allegue en este mismo momento a Él.

Es «Venid a *mí*». Notadlo. Hay que confiar en la persona de Cristo. No «Venid a Juan y oídle decir: "Arrepentíos que el reino de los cielos se acerca"», por allí no hay descanso. Juan manda una preparación para el descanso, pero no tiene descanso que dar al alma. Venid, no a los fariseos que os instruirán en la tradición y en las jotas y tildes de la ley; pero pasándolos, id a Jesús el hombre, el Dios, el Mediador, el Redentor, la propiciación por la culpa del hombre. Si queréis descanso, venid a Cristo en Getsemaní, a Cristo en el Calvario, a Cristo resucitado, a Cristo ascendido. Si queréis descanso, oh almas cansadas, en ninguna parte lo hallaréis hasta que vengáis y echéis vuestras cargas a sus queridos pies traspasados, y encontraréis vida contemplándole a Él. He aquí, pues, el precepto. Notad que no es más que una palabra: «Venid». No es «haced», ni siquiera «aprended». No es «llevad mi yugo», eso seguirá; pero no debemos quitarlo de su lugar propio. Para obtener el primer descanso, el descanso que es asunto de don, todo lo que se os pide es que vengáis a recibirlo. Lo menos que la caridad puede pedir al dar la limosna es que vengan por ella. Jesús os dice: «Venid y tomad lo que gratuitamente os doy. Sin dinero, sin méritos, sin preparación, venid. No es más que venir, venir ahora, como estáis, con vuestra carga, con vuestro yugo aunque sea el del diablo, y aunque vuestra carga sea la del pecado; con todo, venid como estáis y os haré descansar.»

3. Nótese luego la *promesa dicha*: «Os haré descansar». «*Os haré*.» Es descanso que es don; no descanso por grados hallado en nuestra experiencia, sino dado luego. Como os lo mostraré, el versículo siguiente habla de descanso hallado, trabajado, descubierto; pero éste es descanso dado. A Jesús venimos; extendemos la vacía mano de la fe, y se nos da luego descanso gratuitamente. Es descanso *presente*, actual, no después de la muerte; no descanso después de un tiempo de prueba y crecimiento y progreso, sino descanso concebido cuando a Jesús venimos, inmediatamente entonces. Y descanso *perfecto* también; nada indica que no lo sea. No leemos: «os daré descanso parcial», sino «descanso», tanto como si no hubiera otra forma de él. Perfecto y completo es en sí. Perfecta es nuestra paz en la sangre y en la justicia de Jesús.

No me detendré más que para preguntaros si sabéis el significado de este descanso. ¿Habéis venido a Jesús, y os ha dado descanso perfecto y presente? Si es así, sé que veréis con gozo esas dos palabras, «*y yo*», y os recordaré el prometedor que habla. Jesús promete, y Jesús hace. ¿No vino de Él todo vuestro descanso cuando fue perdonado vuestro pecado? Desapareció la carga, pero ¿quién la tomó? Quitóse el yugo, pero ¿quién lo levantó del hombro? ¿No dais a Jesús hoy la gloria de todo el descanso de la carga de la culpa? ¿No alabáis su nombre con toda el alma? Sí, yo lo sé. Y sabéis cómo os vino ese descanso: por su sustitución y vuestra fe en esa situación. Vuestro pecado no fue perdonado violando la justicia divina; la justicia quedó satisfecha en Jesús; él os dio descanso. El hecho de que hizo expiación plena es el descanso de vuestro espíritu esta mañana. Sé que esa profunda calma de vuestra conciencia proviene de que creéis en el sacrificio vicario de vuestro Señor. Llevó la inquietud para que pudieseis tener descanso que recibís hoy en calidad de don suyo gratuito. Ardientemente deseo que muchos que nunca han sentido ese descanso viniesen por él; es todo lo que hay que hacer para obtenerlo, *venir* por él. En su condición presente, si Dios les ayuda a ejercer un sencillo acto de fe en Jesús Él les dará descanso de todos sus pecados pasados, de todos sus esfuerzos para aliviarse a sí mismo, descanso que será para gloria de Él y gozo de ellos.

II. Ahora trataremos del segundo punto: EL DESCANSO CONDICIONAL.

Parece un poco extraño que después de haber recibido descanso, comience el versículo siguiente: «Llevad mi *yugo* sobre vosotros.» «¡Ah!, he sido libertado del trabajo, ¿voy a trabajar de nuevo? Sí, sí, llevad mi yugo y comenzad. «Y ligera mi *carga*.» ¿Carga? ¡Vaya!, estaba ahora cargado, ¿he de llevar otra carga? Sí. Un yugo —activamente—, y una carga —pasivamente—, ambas debo llevar. «Pero hallé descanso llevando un nuevo yugo y una nueva carga. Vuestro yugo desollaba, pero el yugo de Cristo es suave; vuestra carga era pesada, pero la de Cristo es ligera. Antes de entrar de lleno en ese asunto, ilustrémoslo. ¡Cuán cierto es que un yugo es esencial para producir descanso, y sin él el descanso es desconocido! España halló descanso libertándose de aquella malvada reina Isabel; yugo de hierro fue su dominio sobre el cuello de la nación, aplastando toda aspiración al progreso por una tiranía intolerable. Levantóse la nación, sacudió su yugo y arrojó su carga, y descansó en un sentido, descansó *de* un mal. Pero España aún no ha descansado completamente, y parece que nunca encontrará descanso permanente hasta que haya tomado voluntariamente otro yugo, y encuentre para sí otra carga. En una palabra, debe tener un gobierno fuerte, establecido, reconocido, y sólo entonces cesarán sus perturbaciones.

Ésta es exacta pintura del alma humana. Está bajo el dominio de Satanás, lleva su terrible yugo, y trabaja para él; lleva su maldita carga y bajo ella gime; Jesús la liberta, pero ¿tiene por eso un descanso perfecto? Sí, un descanso *de* pero no un descanso *en*. Lo que ahora se necesita es un nuevo gobierno; el alma debe tener un principio soberano, gobernante, un motivo dominante; y cuando Jesús ha tomado esa posición, viene el descanso. De este ulterior descanso se habla en el siguiente versículo. Os daré otro símbolo. Un arroyuelo atraviesa una ciudad manufacturera; infeliz era, siendo forzado a mover enormes ruedas y pesada maquinaria, y así siguió su miserable camino atravensando fábricas donde se puso sucio y negro, llegando a ser una zanja inmunda y repugnante. Sintió la tiranía que corrompió su misma existencia. Vino un libertador que vio el arroyo y dijo: «te libertaré y daré descanso». Así que detuvo la corriente, y dijo: «Permanece en tu lugar, no correrás ya donde eres esclavizado y manchado».

En pocos días el arroyuelo vio que no había hecho más que cambiar un mal por otro. Sus aguas se estaban estancando, haciéndose un gran charco, y deseaba hallar un canal. En su misma naturaleza estaba el correr, y hacía espuma y se henchía oprimiendo el dique que lo detenía. Cada hora era mayor su inquietud interior amenazaba romper la barrera y hacía temblar a todos los que miraban su aspecto amenazador, a causa del mal que antes de mucho haría. No halló descanso hasta que se le permitió seguir un curso activo por un canal que le había sido preparado entre los prados y las mieses. Entonces, cuando regaba los campos y alegraba los pueblecitos, era un arroyuelo feliz en perfecto descanso. Así nuestras almas hechas son para la actividad, y cuando somos libertados de las actividades de nuestra propia justicia y de la esclavitud de nuestro pecado, debemos hacer algo, y no descansaremos hasta que no hallemos ese algo que hacer. De aquí que veáis en el texto algo dicho acerca de un yugo, enseña de trabajo, y algo acerca de una carga, emblema de paciencia. En la mortal naturaleza humana está el hacer o el soportar; de otro modo su espíritu se estancaría y estaría lejos del reposo.

1. Consideremos este segundo descanso, y notemos que es *descanso después de descanso*. «Os haré descansar» está antes de «hallaréis descanso». Es el descanso de un hombre que ya está en descanso, que ha recibido el descanso *dado*, y ahora *descubre* el descanso hallado. Es el descanso de un discípulo: «Aprended de mí y hallaréis descanso.» No es tanto el descanso de uno que antes estaba trabajado y sobrecargado, cuanto de uno que hoy está aprendiendo a los pies del Salvador. Es evidentemente el descanso de un investigador, porque el hallar supone el buscar. Habiendo sido perdonado y salvado, el hombre salvo en el curso de su experiencia descubre más y más razón de paz; está aprendiendo y buscando, y halla. Sin embargo, el descanso se encuentra evidentemente como cosa desconocida, y que viene a ser objeto de descubrimiento. El hombre tuvo des-

canso *de* su carga; ahora halla descanso en Cristo, que excede al que pedía o pensaba.

Considero a este descanso después del descanso como tesoro escondido en una preciosa caja. El Señor Jesús da a su pueblo una caja inapreciable, llamada el don del descanso, engastada de brillantes e incrustada de joyas, hecha de oro; cualquier que la posee siente y sabe que su lucha ha concluido, y que su pecado es perdonado. Después de poco el feliz poseedor comienza a examinar su tesoro. Es todo suyo; pero aún no lo ha visto todo, porque un día descubre un cajoncito secreto, toca un resorte oculto, y ¡ved!, ante él aparece un inapreciable Kohinnor que excede a todo el resto. Cierto es que se le había dado, pero no lo había visto al principio y por tanto lo halla. Jesucristo en el don de sí mismo nos da todo el reposo que podemos gozar, aun el descanso del cielo está en Él; pero después que le hemos recibido tenemos que aprender su valor, y encontrar por la enseñanza de su Espíritu la plenitud del descanso que otorga.

Ahora a vosotros, salvos, que habéis visto a Jesucristo, sea en esta mañana, sea veinte años ha, os pregunto: ¿habéis hallado todo lo que hay en el don que Cristo os ha dado? ¿Habéis ya descubierto el secreto? Os ha dado descanso, pero ¿habéis encontrado el más íntimo descanso que obra en vuestro corazón? Vuestro es, porque está incluido en el único don; pero no vuestro por haberlo gozado, entendido, apropiado, a no ser que lo hayáis descubierto, porque el descanso aquí dado a entender es un descanso después de otro, descanso espiritual experimentado, que viene sólo a los que lo hallan por la experiencia.

2. Observad además que el descanso en esta segunda parte de nuestro texto es un *descanso en el servicio*. Unido va con un yugo, para la actividad: «Llevad mi yugo» está en relación con una carga, para la paciencia: «Ligera mi carga.» Quien es cristiano no hallará

descanso en la ociosidad. No hay mayor inquietud que la del holgazán. Si queréis descansar, llevad el yugo de Cristo, servidle con actividad. Como el buey lleva el yugo y luego comienza a trabajar, así llevad el yugo de Cristo sobre vuestro cuello, y comenzad a obedecerle. El descanso del cielo no es el del sueño; le sirven día y noche en su templo. Siempre están descansando; sin embargo, en otro sentido, no descansan ni de día ni de noche. La santa actividad en los cielos es perfecto descanso. El verdadero descanso para el Hijo de Dios es descanso volando, descanso en movimiento, descanso en el servicio, no sin el yugo, sino bajo el yugo. Voluntariamente hemos de entrar a este servicio; hemos de *llevar su yugo* sobre nosotros voluntariamente. Notad que no dice: «Llevad mi yugo cuando se os pone, tomadlo: Querido hermano, tal y tal trabajo debes hacer», sino que debéis tomar el yugo de *motu propio*. No os sometáis simplemente a ser el siervo del Señor, pero buscad su servicio. Preguntad: «¿Qué puedo hacer?» Desead hacerlo voluntaria y gozosamente; haced todo lo que está en vuestras manos para extender su reino que os ha dado descanso, y hallaréis que el descanso de vuestra alma estará en hacer cuanto podáis por Jesús. Todo cristiano activo os dirá que nunca es más feliz que cuando tiene mucho que hacer; y en general, si tienen comunión con Jesús, nunca más en reposo que cuando tienen menos tiempo desocupado. No busquéis vuestro descanso en los meros goces y emociones religiosas; mas halladlo llevando un yugo que amáis, y que por tal motivo es suave para vuestro cuello, porque es suave.

Pero, querido hermano, has de querer también llevar la carga de Cristo. Ésta es su cruz que cada cristiano debe tomar. Esperad reproches, esperad encontrar algún grado del escándalo de la cruz, que su ofensa nunca cesa. Bendita carga es la persecución y el reproche; amando a Jesús, fácil es sufrir por Él; nunca, pues, evadáis vuestra participación en esta honrosa carga retirándoos cobardemente, o rehusando hacer profesión de vuestra fe. ¡Ay! de aquellos que dicen: «Jamás seré mártir.» Ningún descanso más dulce que el del mártir. ¡Ay! de los que dicen: «De noche iremos al cielo por un camino secreto para evitar la vergüenza de la cruz.» No en la cobardía, sino en el valor, se encuentra el descanso del cristiano; está no en proveer para el caso, sino en sufrir con valor por la verdad. El espíritu tranquilo cuenta por mayores riquezas el vituperio de Cristo que los tesoros de Egipto; se enamora de la cruz, tiene por ligera la carga, y así encuentra descanso en el servicio y descanso en el sufrimiento. Notadlo bien.

3. El descanso ante nosotros es descanso *por medio del aprendizaje*. ¿Dice uno: «No veo cómo puedo jamás hallar descanso trabajando y reposo sufriendo»? Querido hermano, jamás lo hallarás a menos de ir a la escuela, y debes ir a la escuela de Cristo. «Aprended de mí —dijo— que soy manso y humilde de corazón». Y para aprender de Cristo, se da por supuesto que hacemos a un lado todas las preocupaciones del pasado. Estas cosas mucho impiden que encontremos paz. ¿Tenéis algunas ideas preconcebidas de lo que debe ser la religión? ¿Habéis forjado en vuestro propio yunque ideas de lo que deben ser las doctrinas del Evangelio? Arrojadlas; aprended de Jesús, y desechad vuestros pensamientos propios.

Y luego, cuando querráis aprender, notad qué ha de aprenderse. Para conseguir el perfecto descanso de la mente, tenéis que aprender de Jesús no sólo las doctrinas que enseña, sino mucho más. Ir a la escuela para ser ortodoxo es una cosa bastante buena, pero la ortodoxia que trae descanso es la del espíritu. Observad el texto: «Llevad mi yugo sobre vosotros y aprended de mí.» ¿Qué? ¿Porque soy sabio e instruido y os puedo enseñar? No; de mi ejemplo habéis de aprender a ser «mansos y humildes de corazón», y aprendiéndolo «hallaréis descanso para vuestras almas». El echar mano del espíritu de Jesús es el camino al descanso. Creer lo que me enseña es algo, reconocerle como mi maestro religioso y como Señor mío es mucho; pero el esforzarme a conformarme a su carácter, no meramente en su desarrollo externo, sino en su espíritu interno, ésta es la gramática del descanso. Aprended a ser como Él, manso y humilde de corazón, y hallaréis descanso.

Nos dice las dos cosas que hemos de aprender de Él. Primero Él es «manso», luego dice que es *humilde de corazón*. Tomad primero la palabra «manso». Pienso que se refiere a lo de llevar el yugo, al trabajo activo. Si yo trabajo activamente por Cristo, sólo puedo encontrar descanso en el trabajo poseyendo el espíritu manso de mi Señor; porque si salgo a trabajar por Cristo sin un espíritu manso, pronto encontraré que en ello no hay descanso; el yugo desollará mi hombro. Alguien comenzará objetando que no hago mi trabajo a su gusto. Si no soy manso se sublevará mi espíritu, estaré por defenderme, me irritaré, o me desalentaré y me inclinaré a no hacer más porque no me aprecian como debieran. Un espíritu manso no se irrita fácilmente, no se ofende pronto, por tanto si otros ponen peros el espíritu manso sigue trabajando y no se ofende; no oirá la palabra áspera, ni replicará a la crítica severa. Si el espíritu manso se aflige por alguna censura picante y sufre por un poco, siempre está pronto a perdonar y a borrar lo pasado, y a seguir de nuevo. El espíritu manso al trabajar sólo piensa hacer él bien a otro; se niega a sí mismo; jamás esperó ser bien tratado; no pretendió ser honrado; jamás buscó para sí, sólo se propuso hacer a otros el bien. El espíritu manso inclinó su hombro al yugo, y esperó tener que continuar inclinándose, para guardar el yugo en el propio lugar para trabajar. No tuvo la mira de ser exaltado al llevar el yugo; perfectamente contento está si puede exaltar a Cristo y hacer bien a sus escogidos. Recordad cuán manso y humilde fue Jesús en todo su servicio, y con cuánta tranquilidad soportó a sus opositores. Los samaritanos no quisieron recibirle, y Juan, que sentía el yugo un poco desollador para su hombro no habituado, clamó: «Maestro, manda que descienda fuego del cielo.» ¡Pobre Juan! Pero Cristo llevó el yugo del servicio tan bien a causa de su espíritu manso, que no quiso hacer tal cosa. Si una ciudad no quería recibirle iba a la otra, y así seguía trabajando. Se os facilitará mucho vuestro trabajo, si vuestros espíritus son muy mansos. El espíritu orgulloso se cansa de hacer bien al ver que no se aprecian sus trabajos; pero el espíritu resuelto, manso, encuentra fácil el yugo: «Considerad a aquel que sufrió tal contradicción de pecadores contra sí mismo, porque no os fatiguéis en vuestros ánimos desmayando.» Si aprendéis su mansedumbre, su yugo será agradable a vuestro hombro, y nunca querráis que os lo quiten.

Y en cuanto a la parte pasiva de nuestra lección de descanso, notad el texto, «*soy humilde de corazón*». Todos tendremos que sufrir algo por la verdad en tanto que estamos aquí. Parte del Evangelio es el reproche. La vara es una bendición del pacto. El humilde de corazón halla la carga muy ligera, porque se somete a la voluntad divina. Dice: «Sea hecha tu voluntad, no la mía; sea Dios glorificado en mí, eso será todo lo que pido. Rico, pobre, enfermo o sano, todo me es igual. Si el gran Dios tiene la gloria, ¿qué importan donde esté uno tan pequeño como yo?» El espíritu humilde no busca para sí grandezas, aprende a contentarse en cualquier estado en que se halle. Si es pobre, «no importa», dice el humilde, «nunca aspiré a ser rico; brillar no deseo entre los grandes de esta tierra». Si se le niega el honor, dice: «Jamás busqué gloria terrenal, mi propio honor no busco, sino el del que me envió. ¿Por qué había de ser honrado un pobre gusano como yo?» Si nadie habla bien de mí, y Cristo dice: «Bien, buen siervo y fiel», eso basta. Si el humilde de corazón tiene poco placer en el mundo, dice: «No es éste mi lugar de gozo; eterna pena merezca, y si no tengo goces aquí, los tendré después. Contento espero mi tiempo.» Nuestro bendito Señor siempre fue de ese espíritu humilde. No contendió, ni voceó, ni hizo oír su voz en las calles. La bagatela del imperio no tenía encanto para Él. Si la fama le hubiese ofrecido sonar su trompeta para Él nada más, nada le hubiera importado. Ofreciéronle los reinos de este mundo y su gloria, Él rechazó al tentador. Era manso, discreto, abnegado, por lo cual consideró leve su carga de pobreza y vergüenza. Si aprendemos del espíritu de Cristo, hallaremos descanso para nuestras almas.

4. Pero notaremos luego que evidentemente el descanso que hemos de encontrar es un *descanso que resulta enteramente de la conformación de nuestro espíritu al espíritu de Cristo.* «Aprended de mí, y hallaréis descanso.» Luego es un descanso espiritual del todo independiente de las circunstancias. Vana es la suposición que cambiadas nuestras circunstancias estaríamos más en reposo. Hermanos míos, si no halláis descanso en la pobreza, tampoco lo hallaréis en las riquezas; si no podéis descansar en medio de la persecución, tampoco en medio de los honores. Es el espíritu interno el que da el descanso, y éste poco tiene que ver con lo de fuera. Hombres se han sentado en el trono, y lo han hallado penoso; otros en la rueda han declarado que estaban tranquilos. El espíritu es la fuente del descanso, en cuanto a las circunstancias exteriores, poco importan. Sea vuestra mente como la de Cristo, y hallaréis descanso para vuestras almas: profundo descanso, descanso creciente, hallado más y más, descanso puramente, no sólo que habéis hallado, pero que seguiréis hallando. La justificación os dio descanso de la carga del pecado, la santificación os lo dará de los cuidados molestos; y en proporción a su perfeccionamiento y de vuestra se-

mejanza al Salvador, vuestro descanso será más semejante al del cielo.

Deseo llamar vuestra atención a una cosa más antes de hacer una aplicación práctica del texto, y es que aquí, como en el primer descanso, somos guiados a adorar y admirar la bendita persona de nuestro Señor. Notad las palabras «*que soy*». ¡Oh!, todo viene aún de Él, tanto el segundo descanso como el primero, la caja y el tesoro escondido en lo secreto. «Que soy»; todo gira en derredor de esto. Describiendo el segundo descanso, se dice de él más que del primero. En la primera parte de nuestro texto sólo dice «os haré descansar»; pero en la segunda su carácter se explica más completamente «porque soy manso y humilde de corazón»; como para mostrar que a medida que los creyentes crecen en la gracia y gozan de más descanso, ven más que Jesús y conocen más de Él. Todo lo que saben cuando el pecado les es perdonado es que *Él* lo da, tal vez apenas saben cómo; pero después, cuando vienen a descansar en Él en dulce comunión, saben más de sus atributos personales, y por la misma razón su descanso es más profundo y perfecto.

Hagamos un uso práctico de todo esto. Leed el capítulo a la vista y hallad el hilo. Primero, queridos hermanos, si halláis descanso para vuestras almas, no seréis movidos por el juicio de los hombres. Los muchachos del mercado son tipo de la generación del tiempo de nuestro Señor, que se mofó tanto de Juan Bautista como de nuestro Señor. La generación actual hace lo mismo; seguro es que los hombres cavilarán acerca de nuestro servicio. No importa; tomad el yugo de Cristo, vivid para servirle; llevad la carga de Cristo, sea vuestra divisa soportar todas las cosas por su amor, y no os afectarán ni las alabanzas ni las críticas, porque hallaréis descanso para vuestras almas, sometiéndoos a la voluntad del Padre. Si aprendéis de Jesús hallaréis descanso del temor de los hombres. Recuerdo que antes de venir a Londres estuve en una reunión de oración donde un hermano muy singular oró por mí, que fuese librado del «balido de las ovejas». Entendía poco que quería decir que pudiese vivir por encima del temor de los hombres, que cuando una persona dijera: «¡Cuán edificados hemos sido hoy!», no me hinchara; o si otra decía: «Qué insípido estuvo el sermón», no me desalentará. Seréis librados del «balido de las ovejas» cuando tengáis el espíritu del Buen Pastor.

Capítulo 12

UN GRAN EVANGELIO
PARA GRANDES PECADORES

«Palabra fiel y digna de ser recibida de todos: que Cristo Jesús vino al mundo para salvar a los pecadores, de los cuales yo soy el primero. Mas por esto fui recibido a misericordia, para que Jesucristo mostrase en mí, el primero, toda su clemencia, para ejemplo de los que habían de creer en él para vida eterna. Por tanto, al Rey de siglos, inmortal, invisible, al solo sabio Dios, sea honor y gloria por los siglos de los siglos. Amén» (1.ª Timoteo 1:15-17).

Cuando Pablo escribió este texto memorable: «Palabra fiel y digna de ser recibida de todos: que Cristo Jesús vino al mundo para salvar a los pecadores», lo puso en conexión consigo mismo. Quisiera que notaseis con cuidado el contexto. Versículo doce: «Doy gracias al que me fortificó, a Cristo Jesús nuestro Señor, de que me tuvo por fiel, poniéndome en el ministerio: Habiendo sido antes blasfemo y perseguidor e injuriador; mas fui recibido a misericordia, porque lo hice con ignorancia en incredulidad. Mas la gracia de nuestro Señor fue más abundante con la fe y amor que es en Cristo

Jesús. Palabra fiel y digna de ser recibida de todos: que Cristo Jesús vino al mundo para salvar a los pecadores.» Veis que el apóstol había hablado de sí mismo, y entonces fue cuando el Espíritu Santo le impulsó el escribir acerca de la gloriosa salvación, de que fue sujeto tan notable. En verdad que fue conexión oportuna y sugestiva en que colocar este glorioso texto evangélico. Lo que predicaba a otros había de verse en él mismo.

Leyéndoos la historia de la conversión de Saulo suponed que concluyese haciendo esta observación: «Palabra fiel que Cristo Jesús vino al mundo para salvar a los pecadores.» Todos diríais: «Es verdad, y es la inferencia natural de la narración.» Tal observación habría servido como la moraleja de toda la historia. Es una inferencia clara y sencilla de tal conversión, que Cristo Jesús debe haber venido al mundo para salvar a los pecadores. Ves, pues, por qué Pablo la expresó en lugar particular. No podía dejar de presentar primero su propio caso; pero cuando lo presentó fue para añadir énfasis a su declaración de que Cristo Jesús vino al mundo para salvar a los pecadores.

Tengo la convicción de que nuestro Señor con sabiduría infinita quiere que sus ministros mismos sean pruebas de las doctrinas que enseñan. Si un joven, muy joven, se pone a deciros acerca de la experiencia de un cristiano anciano, diríais luego: «Puede ser muy cierto, pero *usted* no puede probarlo, porque usted mismo no es anciano.» Si uno, privilegiado por la providencia de Dios con las comodidades de la vida, se para a predicar de los consuelos del Espíritu en la pobreza, diréis: «Sí, es muy cierto, pero no podéis hablar con experiencia.» Por eso el Señor desea que sus siervos tengan una experiencia tal que su testimonio tenga apoyo en la vida. Quiere que sus vidas apoyen y expliquen sus tesitmonios. Cuando Pablo dijo que Cristo vino al mundo para salvar a los pecadores, su propia conversión, su propio gozo en el Señor eran prueba positiva de ello. Testigo era que había gustado y probado la buena Palabra de vida de la cual daba testimonio.

Años ha que Pablo fue al cielo, pero su testimonio no es invalidado por eso, pues que a una declaración verdadera no afecta el lapso de tiempo. Si se hizo una afirmación ayer, es tan verdadera como si la estuvieseis oyendo hoy; y si fue hecha como ésta, hace mil ochocientos años, con todo, si fue cierta entonces (y nadie la disputó en tiempo de Pablo) es cierta ahora. Los hechos referidos en los Evangelios son tan reales ahora como entonces, y deben ejercer sobre nuestra mente la misma influencia que sobre la de los apóstoles. En este momento Pablo está tras de la afirmación de que Cristo Jesús vino al mundo para salvar a los pecadores. «Aunque difunto aún habla.» ¡Oh!, vosotros, los cargados de pecado, quiero que veáis a Saulo de Tarso ante vosotros en este momento y que le oigáis decir con voz penitente en vuestra presencia: «El Señor Jesús vino al mundo para salvar a los pecadores, de los cuales yo soy el primero.» No dudéis la afirmación, que el hombre es prueba de ella. Quien salvó a Pablo, salvaros puede; sí, quiere ahora manifestar su poder en vosotros. No seáis desobedientes al mensaje celestial.

Pero, amados, si Pablo no está en medio de nosotros para dar su testimonio personal, tenemos aún muchas pruebas vivientes, indisputables entre los que nos rodean, que «palabra fiel y digna de ser recibida de todos: que Cristo Jesús vino al mundo para salvar a los pecadores.» Podría citar en este púlpito a veintenas que eran literalmente los más negros transgresores, pero fueron lavados y santificados, siendo así argumentos vivientes del poder del Señor para Salvar. También hay ahora muchos presentes que no podrían ser contados por sus compañeros entre los primeros de los pecadores en ciertos aspectos del caso, con todo, con la mejor voluntad se califican a sí mismos de tales bajo otro aspecto, y dan hoy, como yo, su testimonio que Jesús puede salvar eternamente. Yo, que estoy ante vosotros, soy testigo viviente que Cristo Jesús puede salvar a los pecadores, y los salva aún. El Señor me ha perdonado y justificado, y he hallado gracia en sus ojos. En mi caso también, probado está que «palabra fiel y digna de ser recibida de todos: que Cristo Jesús vino al mundo para salvar a los pecadores, de los cuales yo soy el primero». ¡Oh, cómo quisiera que mis oyentes me creyesen! Muchos aceptaríais cualquier información que yo diese, ¿por qué no aceptáis ésta? No me juzgáis mentiroso, ¿por qué, pues, no creéis mi testimonio tocante a Jesús? Tan pronto está para salvar hoy como ayer. Listo está para salvarte *a ti* si quieres en Él confiar.

Consideraremos ahora, primero, *quiénes son los primeros pecadores*; segundo, *inquiriremos por qué Dios los ha salvado*, y tercero, *qué dicen cuando son salvos*.

I.   Primero, ¿QUIÉNES SON LOS PRIMEROS PECADORES? Pablo dice que él era el primero. Sin embargo, pienso que él sólo era uno del regimiento. Diferentes clases de pecadores hay, unos mayores, otros menores. Todos los hombres son en verdad pecadores, pero no todos los hombres son igualmente pecadores. Todos están en el lodo, pero no todos se han hundido en él a igual profundidad. Es verdad que todos han caído a una profundidad como para perecer en el pecado, a menos que la gracia de Dios lo impida; con todo, hay diferencia en los grados de culpa, y habrá diferencia en los grados de castigo.

Algunos son los primeros de los pecadores en el mismo sentido que el apóstol Pablo, porque *han perseguido a la Iglesia de Dios*. Pablo, llamado entonces Saulo, había dado su voto contra Esteban; y cuando Esteban fue apedreado, él guardaba las ropas de los que le mataban. Mucho tiempo después sentía esa sangre sobre su alma y lo deploraba. ¿No sentiríais, si hubieseis ayudado a matar a algún hijo de Dios, que estabais entre los primeros de los pecadores? Si hubieses sido ayudador voluntario, obstinado, malicioso, para quitar la vida a un varón de Dios como Esteban, ¿no te titularías a ti mismo pecador de los más viles? ¡Ah!, pienso que yo diría: «Dios puede perdonarme, pero nunca me perdonaré a mí mismo.» Parecería un horrible crimen sobre el alma de uno. Con todo, éste fue sólo un principio. Fue Saulo semejante a un leopardo que una vez probada la sangre, la quiere siempre. Su aliento mismo era amenazador, y su delicia era la matanza. Acosaba al pueblo de Dios, hacía gran estrago en los santos: los compelía, dice, a blasfemar; los hacía azotar en las sinagogas; los perseguía de ciudad en ciudad, y aun los hacía morir. Negra memoria debe haber quedado en su corazón aún después de recibir pleno perdón del Señor Jesucristo. Al saber, como Pablo supo, que era un hombre justificado por la justicia de Jesucristo, debe sin embargo haber sentido aflicción de corazón al pensar en estos inocentes corderos por él maltratados; por la única razón de ser amantes del Crucificado había deseado su sangre. Este asunto de la persecución mortal colocaba a Saulo por encima de otros pecadores; era ésta la piedra que remataba la pirámide de su pecado: «Porque perseguía la Iglesia de Cristo.» Gracias a Dios que no hay aquí ninguno que tenga sobre su conciencia esa forma particular de pecado por haber matado o participado en la muerte de algún hijo de Dios. Las leyes de nuestra patria felizmente os han impedido mancharos con tan vergonzosa ofensa, y bendigo a Dios por ello. Sin embargo, si hubiese tal persona entre los que oyen estas palabras, o entre los que algún día las lean, debo confesar que son en verdad contados entre los primeros de los pecadores, y ruego a Dios les conceda obtener misericordia como a Saulo.

Pero muy cerca podéis estar de esto: muy probablemente algunos lo habéis hecho. Ese marido que ha amenazado tan severamente a su esposa si obedece a su conciencia; ese hombre que ha despedido a su criado por la única razón de ser fiel a Cristo; ese propietario que ha arrojado al pobre de su casa porque tuvo allí un culto; ese hombre que premeditada y maliciosamente ha calumniado un siervo de Dios, no porque le hizo algún mal, sino porque no pudo soportar el saber de un verdadero discípulo de Cristo: éstas son gentes que deben contarse entre los primeros de los pecadores. No han asesinado, pero han ido hasta donde se atreven a ir, y su corazón lleno está de veneno contra el pueblo de Dios: crimen grave es éste. Aunque parezca muy pequeña cosa contristar a un hijo piadoso, o vejar a una pobre mujer piadosa. Dios no lo cree así. Recuerda burlas y mofas dirigidas a sus pequeñuelos, y manda a los que a ellas se entregan que tengan cuidado. Mejor ofender a un rey que a uno de los pequeñuelos del Señor. Ese pobre que en el taller ha pasado ratos muy pesados con las chanzas y burlas, tiene un Amigo en los cielos. Ese otro que buscando al Señor ha encontrado la indiferencia en la sociedad, tiene un Abogado en las alturas que no le verá despreciado sin defender su causa. Puede parecer bagatela eso de hacer a un santo el blanco del ridículo, pero su Padre en los cielos no lo piensa así. Sé esto, que muchos hombres pacientes aguantarán mucho; pero si golpeáis a sus hijos, se les subirá la sangre y no lo tolerarán. Un padre no soportará que se maltrate a su hijo, y el Gran Padre arriba es tan tierno y amante como el que más.

Habéis visto entre los pájaros y las bestias cómo usan todas sus fuerzas para defender a sus hijos: una gallina naturalmente tímida, pelearía por sus polluelos como un león. Algunos de los más pequeños animales, y de los de menos poder, llegan sin embargo a ser muy terribles cuando están cuidando a su prole; ¿y pensáis que el eterno Dios soportará que sus hijos sean difamados, calumniados, vejados por seguirle? ¿Es el Dios de la naturaleza sin afecto natural? Pienso que no. Lamentaréis el día, señor, en que levantéis armas contra el pueblo de Dios. Humillaos ante Dios por ello, de otro modo seréis contado entre el primero de los pecadores, y el primero de los castigos os alcanzará.

No dudo que haya algunos de ésos aquí; si los hay, ruego que por la gracia infinita sea en ellos repetida la historia de Saulo de Tarso. Que aun vayan a predicar el evangelio que ahora desprecian. No es novedad que el sacerdote se convierta a Cristo, ni que el adversario venga a ser abogado tanto mejor y más poderoso a causa del mal que antes hizo. ¡Oh, que el Señor torne sus enemigos en amigos! Dios lo haga. Por amor de Cristo, que lo haga ahora.

Además, entre los primeros de los pecadores debemos, por supuesto, contar *los culpables de los más groseros y viles pecados*. No me ocuparé de mencionarlos; vergüenza es aun hablar de ellos. Dios nos libre de la incontinencia y deshonestidad, de cualquiera de aquellos pecados censurables aun a juicio de la moralidad común, porque si no, si nos entregamos a éstos, por ellos ciertamente vendremos a ser contados entre los primeros de los pecadores. Sin embargo debo mencionar la blasfemia y el habla deshonesta, porque desgraciadamente son tan comunes. ¿Piensa un hombre que puede seguir condenando su propio cuerpo y alma con tales palabras y jamás provocar a ira al Señor? ¿Sueña en poder usar palabras impuras y obscenas, y juramentos malvados, sin incurrir en pecado? Creo que estas cosas acarrean la más negra culpa sobre la conciencia; porque expresamente ha dicho Dios que no dará por inocente al que tomare su nombre en vano. Verdad es tratándose de cada pecado que Dios no dará por inocente al hombre que lo comete; pero se dice de éste especialmente, porque los hombres imaginan que las palabras no son de gran importancia, o que de ellas no hace caso Dios. Aun la repetición irreflexiva del nombre del Señor envuelve gran pecado, porque así se toma el sagrado nombre en vano.

Sin embargo, los hombres juegan con ese nombre en la conversación ordinaria, y eso con terrible frecuencia. No hay excusa para esta atolondrada maldad, porque no trae provecho ni placer al que así ofende. ¿A qué fin práctico puede servir? Como dijo ha mucho J. Herbert: «La concupiscencia y el vino alegan un placer, la avaricia, ganancia; pero el jurador, por su compuerta abierta deja por nada correr su alma sin temor. Si fuera yo un epicúreo, podría disminuir el jurar.» No puedo formular una excusa por el lenguaje profano: es inútil maldad voluntaria. Hablan los hombres de tal modo que nos horroriza: hielan de terror nuestra sangre, no sea que Dios les tome la palabra; y todo por nada absolutamente. Pluguiese a Dios que cada blasfemo aquí presente (si los hubiera, lo que no dudo) abandonase ese hábito vil, inexcusable, inútil, que degrada al hombre en la sociedad, lo mancha ante Dios y asegura su condenación.

El habla inmunda coloca a los culpables de ella entre los primeros de los pecadores, y ciertamente les alcanzará una terrible venganza en aquel día en que Dios maldecirá solemnemente a quienes tan fácilmente se han maldecido a sí mismos. Terrible cosa será para el hombre que ha usado de imprecaciones profanas encontrar que al fin fueron oídas y serán contestadas sus oraciones. ¡Oh profano! ten cuidado, no sea que el Señor oiga tus oraciones para tu confusión eterna! Humíllate en este momento con profunda contrición, y llora pensando en las muchas veces que has desafiado al Dios de los cielos, y pronunciado palabras provocativas contra el Dios en cuyas manos está tu aliento. Aún no te ha abatido. ¡Oh maravilla! Ten cuidado de ti mismo. Sobre todo, maravíllate de que se haga mención de misericordia para uno como tú.

Ahora, queridos amigos, hay otros primeros entre los pecadores que no lo son por estos pecados más groseros. Permitidme mencionarlos porque en este grupo me tendré que colocar yo y muchos de vosotros. Están entre los primeros de los pecadores *aquellos que han pecado contra la mucha luz*, y contra las influencias de la santa instrucción y del buen ejemplo. Hijos de padres piadosos que han sido criados e instruidos con el temor de Dios desde su juventud, están entre los primeros de los pecadores si se vuelven del camino de la vida. Cuando faltan, hay un gran peso en su falta, que no se encontrará en el pecado común de los vagabundos o de los árabes del desierto. La prole del degradado no sabe cosa mejor, pobres almas cuyas transgresiones son pecados de ignorancia pero aquellos que saben lo mejor, cuando transgriden, transgiden con exceso. Talento de plomo es su pecado; y colgará de sus cuellos como piedra de molino. Recuerdo cómo esto me impresionó el corazón cuando fui convencido de mi pecado. No me había entregado a ninguno de los vicios más groseros, pero no había sido tentado por ellos, sino cuidadosamente guardado de sus influencias viciosas. Pero lamenté haber sido desobediente a mis padres, de espíritu soberbio, olvidadizo de los mandamientos de Dios: sabía lo mejor; sabía lo mejor desde el principio, y esto me colocaba en mi propia estimación entre los primeros de los pecadores. Me había costado mucho hacer mal, porque había pecado contra la más clara luz. Especialmente es éste el caso cuando el conocimiento va acompañado de mucha delicadeza de conciencia. Hay algunos de vosotros, inconversos, que cuando hacéis mal sentís que habéis hecho mal, y lo sentís vivamente también, aunque nadie os reprenda por ello. No podéis ser injustos o irascibles, ni usar de lenguaje impropio, ni quebrantar el domingo, ni hacer algo prohibido, sin que os moleste la conciencia. Sabéis lo que es retirarse y estar despierto sufriendo después de alguna diversión cuestionable, o después de haber hablado con frivolidad. Delicada conciencia es la vuestra; no la violéis, que seréis doblemente culpables. Cuando Dios pone el bocado en vuestra boca, y tratáis de cogerlo entre los dientes y no os sujeta para nada, debéis hacer caso, porque podréis ser dejados para que os lancéis a la destrucción. «El hombre que reprendido endurece la cerviz, de repente será quebrantado: no habrá para él medicina.» Entre los primeros de los pecadores están los hombres que contra la luz y contra su conciencia deliberadamente escogen el camino del mal, y dejan los mandamientos del Señor.

Especialmente es ofensa grave *pecar contra la suave influencia del Espíritu Santo*. ¿No habéis sido graves ofensores en este punto? Sentiste el otro domingo en la noche que si podías salir luego de la capilla y llegar a tu casa te arrodillarías en oración; *pero no lo hiciste*. Sin embargo, has sentido cosa igual muchas veces y has desechado el sentimiento; y ahora un sermón apenas te mueve; necesitaría estar lleno de truenos y relámpagos para hacerte volver el grueso de un cabello. Verdades que te hacían estremecer de pies a cabeza apenas te afectan ahora. Ten cuidado, te ruego, porque el que peca contra el Espíritu Santo puede encontrarse anegado por el pecado de tal manera que ya no pueda mover su barco hacia las playas de salvación. Nada endurece tanto como el evangelio cuando se juega mucho con él. Escuchar las verdades sin recibirlas en el corazón es destrucción segura. Morir en tierra santa es morir en verdad. Quiera Dios que no suceda así con ninguno de los presentes.

Con todo, si eres hoy el primero de los pecadores, no desesperes ni te vuelvas con ira porque vamos a decirte, en este momento, en el nombre de Dios misercordioso, que su hijo Jesucristo ha venido al mundo para salvar a los pecadores, aun al primero.

Pienso que debo poner entre los primeros de los pecadores a *aquellos que han conducido a otros al pecado.* ¡Ah!, éste es un asunto triste. Si habéis extraviado a otros, si habéis buscado al Señor y sois salvos, sin embargo no podéis salvarlos. Si son jóvenes los que habéis contaminado con el mal, no podréis quitar la vil mancha de su mente. Podéis dejar de sembrar la semilla del diablo, pero no recoger lo sembrado, ni impedir su crecimiento y madurez. El fuego se enciende fácilmente, pero no se extingue tan pronto cuando se ha apoderado del combustible. Es cosa terrible que pueda haber almas en el infierno enviadas por vosotros. Sabia oración penitencial de un convertido que había ejercido influencia para el mal era ésta: «Señor, perdóname mis pecados de otros hombres.» Cuando conducís a otros al pecado, sus pecados son en gran parte pecados vuestros. No dejan de ser pecados de quienes los cometen, pero lo son también de aquellos que los promovieron o sugirieron por el precepto o el ejemplo. Un mal ejemplo, una expresión obscena, una vida impura pueden ser los medios de conducir a otros a la perdición; y quienes a otros destruyen, y son así asesinos de almas, están entre los primeros de los pecadores. Quien usa el puñal o la pistola para herir el cuerpo es aborrecido; ¿qué diremos de aquellos que envenenan las mentes humanas y hunden el puñal en el corazón de la piedad? Éstos son los más culpables entre los culpables. ¡Ay de ellos!

Debo especialmente colocar entre los primeros de los pecadores a aquel que ha predicado la falsedad, que ha negado la divinidad de Cristo, que ha minado la inspiración de las Escrituras, que ha luchado contra la fe, peleado contra la expiación, y hecho el mal que ha podido, difundiendo el escepticismo. Debe colocarse entre los cabecillas del mal diabólico; es un destructor maestro, un apóstol escogido del príncipe de las tinieblas. ¡Ojalá que por la gracia soberana sea puesto entre los primeros maestros de esa fe que hasta aquí ha destruido! Pienso que en calidad de cristianos deberíamos orar más por cualesquiera que se hacen notorios por su infidelidad. Si hablásemos menos amargamente contra ellos, y orásemos más por ellos, de ello resultaría bien. Argumentos buenos contra los ateos bastantes hemos tenido; llevemos el caso a corte superior, y aboguemos con Dios por ellos. Si usamos la magnífica artillería de los cielos por medio de la oración importuna, estaremos usando mejores armas que las comúnmente empleadas. Ayúdenos Dios a orar porque todos los falsos maestros sean convertidos a Dios y así despliegue la omnipotencia de su amor.

No diré más sobre este triste asunto, porque en verdad sólo he mencionado estos ejemplos con la esperanza de que alguno presente confiese: «Siento decir que el predicador se refiere a mí. Bajo uno u otro punto de vista debo tomar mi lugar entre los primeros de los pecadores.»

II.   En segundó lugar, ¿POR QUÉ LOS PRIMEROS DE LOS PECADORES SON SALVOS TAN FRECUENTEMENTE? El Señor Jesucristo cuando fue a los cielos llevó consigo uno de los primeros pecadores en calidad de compañero: el ladrón moribundo entró en el paraíso el mismo día que nuestro Señor. Después de que nuestro Señor Jesús había subido al cielo, no salvó, hasta donde yo sé, más que una sola persona por su propia agencia directa; y esa persona fue este mismo apóstol Pablo que nos ha dado nuestro texto. A él personalmente habló nuestro Señor de los cielos, diciendo: «Saulo, Saulo, ¿por qué me persigues?» Revelósele a él mismo por el camino, y llamó para que fuese su apóstol aun a este hombre que con verdad se titulaba a sí mismo el primero de los pecadores. Admirable pensar que así fuese; pero la gracia se deleita en tratar con el pecado grande y notorio, y en quitar los enormes crímenes de grandes ofensores.

El Señor Jesús no sólo salvó los primeros de los pecadores, sino que aun tenía parentesco carnal con algunos de ellos. Recorred la larga línea de la genealogía de nuestro Señor. Conocéis esa doctrina, reciente invención de Roma, respecto a la inmaculada concepción de María. Voy a deciros una doctrina que está tan apartada de ésa como lo está el oriente del occidente. En la genealogía de nuestro Señor encontramos los nombres de algunos de los primeros pecadores. Tres mujeres especialmente están en ella, que fueron notorias por su pecado. No se mencionan muchas mujeres, pero entre las primeras está Tamar, culpable de incesto. La otra es Rahab la ramera, y la tercera Bathsebah, la adúltera. Es un linaje perverso, un árbol genealógico cuyas ramas son más que nudosas y torcidas. Admirad la condescendencia del Señor al venir de tal tronco. Vino *de* pecadores, porque vino *por* los pecadores. Según la carne vino de los pecadores, para que los pecadores viniesen a él. Fue mezclada en las venas por donde corrió su estirpe la sangre de Ruth la Moabita, una pagana, para que nosotros los gentiles viésemos cuán verdaderamente era Él hueso de nuestros huesos y carne de nuestra carne. No digo que hubo mancha en su humanidad, Dios me libre, porque no fue engendrado como los hombres, de modo de ser así contaminado; pero digo, sí, que su genealogía incluye muchos grandes pecadores, para que veamos cuán estrechamente se unió con ellos, cuán completamente se encargó de su causa. Leed la lista de su estirpe: allí veréis a David que clamó: «A ti, a ti sólo he pecado»; a Salomón que amó mujeres extranjeras; a Roboam su hijo insensato; a Manasés que «derramó mucha sangre inocente», y peores hombres que ésos, si peores pueden ser. Semejantes pecadores están en la genealogía del Salvador de pecadores. «Contado fue con los transgresores.» Fue llamado «amigo de publicanos y de pecadores». Se dijo de Él: «Éste a los pecadores recibe y con ellos come.»

Se deleita aún en salvar grandes pecadores. ¡Oh amigo mío, le deleitará salvarte *a ti*!

¿Por qué lo hace? Dice el apóstol en el versículo 16: «Mas por esto fui recibido a misericordia, es a saber, para que Jesucristo mostrase en mí el primero toda su clemencia.» Qué ¿es ésa su razón para salvar un pecador? Es para mostrar en ese pecador su clemencia, revelando su paciencia y perdón. En un gran pecador como Pablo, muestra *toda* su clemencia, no unos granos ni porciones de ella; sino *toda* su clemencia. ¿Quiere Jesucristo mostrar toda su clemencia? ¿Se deleita en revelar todo su amor? Sí; porque recordad que llama a «su misericordia». Yo no hallo que llame a su poder sus riquezas, sino que llama a su gracia sus riquezas: «en quien tenemos redención por su sangre, remisión de pecados por las riquezas de su gracia». Queridos amigos, el Señor que es rico en misericordia busca dónde poner sus tesoros; quiere un estuche para las sagradas joyas de su amor; y estos atroces criminales, estos grandes ofensores que a sí mismos se juzgan negros como el infierno, éstos son los mismos hombres a quienes les otorga las raras joyas de su bondad. Donde el pecado ha abundado, hay ancho campo para la misericordia infinita del Dios viviente. Si os encontráis grandemente culpables, ¿no os debe animar el que Dios se deleita en mostrar toda su paciencia salvando grandes pecadores? ¿No pediréis de una vez que en vuestro caso sea mostrada *toda* su clemencia? Creed en el Señor Jesucristo y será así.

¿Y qué dice luego Pablo? Que el Señor le salvó *para ejemplo* de los que habían de creer en Él para vida eterna. Para ejemplo. Quiere decir para tipo o muestra. Pablo era prueba de primera clase. Las primeras pruebas de un grabado son claras y bien marcadas, y son por eso valiosas; muestran el poder productor de la plancha en su punto más culminante, antes de gastarse la superficie. Pablo fue una de las pruebas tomadas de la plancha en los primeros días y bajo las circunstancias más favorables para sacar cada línea de gracia. Toda la clemencia de Dios vióse en él para modelo. Plegue a Dios que podamos poner a algunos de vosotros bajo esa misma plancha grabada y sacar más impresiones en esta misma hora, porque la plancha no está gastada; el tipo que Dios usa es tan nuevo como siempre.

Cuando un impresor para su tipo, envía al autor un pliego para que vea el tipo que es, y a esto llama su prueba. Así Pablo fue prueba de Dios, una de las primeras tomadas por la maquinaria de la gracia, para dejarnos ver a todos lo que Dios tiene que decirnos respecto a su amor longánime. La prensa está trabajando en este momento, está haciendo impresiones ahora, las más claras, bien marcadas y legibles. Plegue a Dios que algún gran pecador presente sea como el papel bajo el tipo para que tome la impresión de la gracia omnipotente. Una gran edición de la Obra del Amor fue publicada antes que el de Pablo fuese impreso y publicado; me refiero al tiempo en que Pedro predicó el día de Pentecostés. Desde aquel día se han hecho muchas espléndidas y grandes ediciones en esa prensa. Tengo delante de mí una grande biblioteca que Dios ha impreso en esta casa, las pruebas que Dios ha sacado en estos últimos años del viejo tipo parado; pero Pablo encabeza la lista como hermosa prueba primera de lo que Dios puede hacer.

Luego Dios puede salvarme. Llegué a esa conclusión hace un año, y poniéndola a prueba resultó verdad. Queridos compañeros pecadores, llegad a la misma conclusión. ¿Quiénes sois? No, no quiero que me digáis. No quiero saber. Dios lo sabe. Pero quiero que lleguéis a esta conclusión: «Si Pablo es muestra de salvados, ¿por qué, pues, no seré yo salvo? Si Pablo hubiese sido único, un producto de por sí, entonces justamente podríamos haber dudado en lo que toca a nosotros; pero ya que es modelo, esperar podemos todos ver repetida en nosotros la clemencia del Señor.» En la actualidad nos mandan en paquetes postales muestras de todo, y compramos muchos artículos según la muestra. Cuando compráis según muestra, esperáis que los efectos sean iguales a la muestra. Dios así envía a Pablo como muestra de su gran misericordia para con los grandes pecadores. En verdad que decís: «Ésta es la clase de trabajo que hago. Tomo este material bruto y malo del primero de los pecadores, lo renuevo, y muestro toda misericordia en él. Es lo que estoy listo para hacer contigo.» Pobre alma, ¿no aceptarás la misericordia del Señor? Entra en este negocio de salvación con el Señor, para que tú, pecador como el apóstol, seas como él y obtengas la gloriosa salvación que hay en Cristo Jesús, que vino al mundo para salvar a los pecadores. Os estoy hablando muy clara y sencillamente; pero si amáis vuestra propia alma, mucho más os agradará escuchar. No os quiero entretener, quiero veros salvos. Fijad, os ruego, vuestra mente en este asunto, y aprended que hay esperanza para el peor de vosotros, si clama al Señor.

Por eso es que Jesús salva a aquellos que más gravemente han errado, para presentarlos como muestras de lo que su gracia puede hacer.

«Pero pertenezco a familia tan mala», dice uno. ¡Oh, sí!, y han sido salvados muchos que pertenecen a las más depravadas y degradadas familias. Han entrado en relación con Cristo y su propia condición vil ha sido sorbida en su gloria. Convertidos los hijos de los criminales, pertenecen a la familia de Dios. «A todos los que le recibieron, dióles poder de ser hechos hijos de Dios, esto es, a los que creen en su nombre.»

«¡Oh, pero yo me he entregado a vicios tan horribles!» Triste confesión; pero no os condena a la desesperación, porque la sangre de Jesús limpia la peor inmundicia. Blasfemos, adúlteros, borrachos, ladrones, «esto», ¡oh, santos, «érais algunos de vosotros; mas

200

sois lavados, mas sois santificados»! ¿Y por qué otros de carácter semejante no han de ser lavados también?

III. Debo concluir deteniéndome un poco en la tercera división, que es ésta: ¿QUÉ DICEN LOS PRIMEROS DE LOS PECADORES CUANDO SON SALVOS? Lo que dicen consta en el texto. Parece un himno: «Al Rey de siglos, inmortal, invisible, al solo sabio Dios, sea honor y gloria por siglos de siglos. Amén.» Tan luego como son salvos comienzan a alabar al Señor. No pueden transferirlo. Alguien les dirá: «Alabarás a Dios cuando entres al cielo.» «No», replica el alma,« voy a alabarle ahora. *Ahora* al Rey de siglos, inmortal, invisible, sea honor y gloria por siglos de siglos». Contenerse no puede el amor agradecido, es como fuego en los huesos. Reventaría de amor nuestro corazón si no hallase luego medios para expresarse.

Otra persona le dice al oído: «Cuando alabes a Dios no te entretengas tanto en ello. Sal tan pronto como le hayas alabado y adorado con moderación.» «No», dice el salvado, «no puedo acabar mientras la vida dure; a él sea honor y gloria *por siglos de siglos*». Expresión redundante que el entusiasmo se deleita en usar: indica una especie de doble eternidad. El pecador salvado nunca se cansará de glorificar al Señor, le alabará por toda la eternidad. Tan pronto como un pecador es salvo del pecado, se viste de alabanza. Nuevo canto es puesto en su boca, y debe cantarlo: no puede dejar de hacerlo. No hay quien lo detenga.

Notad los títulos que aquí amontona Pablo. Primero llama *Rey* al Señor Jesucristo. O aplicadlo al bendito Dios en su sagrada unidad si queréis: llama Rey al Señor, porque quiere darle el título más elevado, y tributarle el más humilde homenaje. Llámale Rey porque le ha hallado como tal; porque rey es el que reparte vida y muerte, rey que perdona rebeldes, rey que gobierna y reina sobre los hombres. Tanto así y más era Jesús para Pablo, y así necesita darle el título real: de él no puede hablar menos que de majestad. Si Jesús no es Rey para todo el mundo, lo es al menos para el hombre cuyos pecados han sido perdonados. Dice: «Al Rey de siglos sea honor y gloria por siglos de siglos.»

Ved qué más dice; «al Rey de siglos». No es un rey que perderá su reino; no un rey que cesará de reinar o abdicar; o morirá. ¡Oh, queridos hermanos!, el Rey que perdonó a Pablo es hoy un Rey igualmente poderoso para salvar. Rey es aún, después de mil ochocientos años de su obra de gracia para con el primero de los pecadores. Se sienta en el trono, con su gracia soberana, en el esplendor de su amor, en la majestad de su poder perdonando la iniquidad, la transgresión y el pecado. ¿No os inclinaréis ante él? Aquí, en este momento, me detengo para hacerle reverencia. ¡Gloria al Señor Jesús, porque es el Rey eterno!

Llámale también Rey *inmortal*. Es el Rey que siempre vive por su propio poder, y puede por eso dar vida a las almas muertas. Bendito el nombre del Salvador que murió por los pecadores, pero igualmente bendito sea su nombre porque siempre vive para interceder por ellos, y puede por eso salvar eternamente a los que por él se allegan a Dios. El Espíritu vivificado, resucitado, clama: «Gloria al Rey inmortal, porque me ha hecho inmortal por el toque de su mano vivificadora.» Porque Él vive, nosotros también viviremos. Nuestra vida está escondida en Él, y con Él reinaremos por toda la eternidad.

Titulóle luego Pablo Rey *invisible*; porque aún no vemos sujetas a él todas las cosas, y su reino es percibido por fe más bien que por vista. Invisible es para ojos mortales el Señor Jesús, y por eso nuestro servicio debe ser tributado por el espíritu más bien que por los sentidos. En él debemos confiar si hemos de acercarnos a él, y de él debemos decir «a quien no habiendo visto amamos». Un señor invisible, a quien conocer puede sólo nuestra fe, nos ha salvado, y nos salvará por

202

la eternidad. No tenemos un rey que hemos visto o tocado, o cuya voz hemos oído materialmente; el nuestro es Rey invisible, y con todo moviéndose de aquí para allá entre nosotros, poderoso para salvar. Gracias al Espíritu Santo, que nos ha dado los ojos de la fe para ver al invisible, y corazones para confiar y descansar en un Señor invisible.

Diga cada alma salvada: Al Rey de siglos, inmortal, invisible, sea gloria eterna. ¿No responderéis con inmediata alabanza? ¿No decís: «Despierta, gloria mía, despierta salterio y arpa»? Ojalá que el carbón encendido de serafín tocase mis labios tartamudos. Como pecador salvado por mi Señor y Rey, de buena gana derramaría mi vida en continua corriente de alabanza a mi Redentor.

Además nuestro apóstol habla del *solo sabio Dios*. Tan sabio es, que salva grandes pecadores para hacerlos ejemplos de su misericordia; tan sabio que toma fanáticos y perseguidores para tornarlos en apóstoles, tan sabio que hace que la ira del hombre le alabe, y usa la misma maldad del hombre para dar realce al resplandor de la gloria de su gracia. Al solo sabio Dios, suficientemente sabio para cambiar al león en cordero, para hacer de un pecador un santo, de un perseguidor un predicador, de un enemigo un amigo, a él sea gloria .¡Oh!, la sabiduría de Dios en el plan de la redención es profunda, insondable. Con ella comparada no hay otra sabiduría, y se ve a Dios s«lo sabio».

A Él sea *honor y gloria por siglos de los siglos. Amén.* A Él sea gloria en la tierra y gloria en los cielos, honor de todos nosotros, seres pobres e imperfectos, y gloria de parte nuestra cuando seamos hechos perfectos para ver su rostro. Venid vosotros, salvos, y levantad vuestros corazones. Comenzad luego los cantos que jamás cesarán. Jamás acabarán de cantar los santos, porque recuerdan que fueron pecadores. ¡Ven, pobre pecador, de los profundos exalta a aquel que a los profundos por ti descendió! «Oh, todos los sedientos, venid a las aguas; y los que no tienen dinero, venid, comprad, y comed: venid, comprad sin dinero y sin precio, vino y leche.» «Buscad a Jehová, mientras se halla: llamadle, entre tanto que está cercano.» «Deje el impío su camino, y el varón inicuo su pensamiento, y vuélvase a Jehová el cual tendrá de él misericordia, y al Dios nuestro, el cual será grande para perdonar.»

Vosotros, los primeros de los pecadores, adorad a Aquel que para vosotros es el primero entre diez mil, y todo Él hermoso. ¡Vosotros, viles pecadores, que habéis ido hasta el mismo borde de la condenación por vuestros abominables pecados, levantaos hasta las más elevadas alturas de gozo entusiasta en Jesús vuestro Señor! Vuestra confianza poned en Jesucristo el Señor y todo pecado y blasfemia os serán perdonados; y al recibo de tal perdón romperéis en nuevas doxologías a Dios nuestro Salvador: «Venid pues, dirá Jehová, y estemos a cuenta: si vuestros pecados fueren como la grana, como la nieve serán emblanquecidos: si fueren rojos como el carmesí, serán tornados como la lana blanca.» «Si quisiéreis, y oyéreis, comeréis el bien de la tierra. Si no quisiéreis, y fuéreis rebeldes, seréis consumidos a cuchillo; porque la boca de Jehová lo ha dicho.» A vosotros, los más culpables de los culpables os habla el apóstol Pablo, y está ante vosotros como el portador de la bandera parlamentaria de la misericordia de Dios. Rendíos al Rey eterno y habrá para vosotros perdón y libramiento de la ira venidera. «Por un momento breve te dejé: mas con grandes misericordias te recogeré.» Treinta y cinco años vivió Pablo en el pecado. Veinte años más tarde, cuando era más anciano que yo, escribió: «Palabra fiel y digna de ser recibida de todos: que Cristo Jesús vino al mundo para salvar a los pecadores, de los cuales yo soy el primero.» ¿No hay aquí en esta noche, alguna persona de treinta y cinco años de edad que quiera volver la hoja? ¿No hay aquí alguna mujer de esa edad que ha cometido pecados más que suficientes? ¿No es tiempo de volver al Señor y de seguir una vida nueva y mejor? ¡Conviértelos, Señor: conviértelos y se convertirán! Hazlos vivir y para ti vivirán por siglos sin fin. Amén y Amén.

Made in the USA
Monee, IL
07 July 2026

56548200R00115